Vorwort

Dieses ist die Geschichte eines Menschen. Wie es so heißt: eines Menschen wie du und ich. Ein Berliner Jahrgang 1927, erzählt sein Leben, geboren in Draugupönen, Ostpreußen, und aufgewachsen in Deutschlands Hauptstadt. Der Nationalsozialismus kam an die Macht, und nur wenige konnten sich ihm entziehen; er wurde eines der Opfer. Der Krieg kam und endlich sein Ende. Er wurde befreit von Todesangst und Not. Ein Leben konnte neu beginnen.

Aber dies Leben, von dem hier berichtet wird, ist eben doch nicht so normal, wie es die Daten – auf den ersten Blick – erscheinen lassen. Denn Otto Rosenberg paßte nicht in jene Norm, die damals vorgeschrieben war und die bis heute noch Wirkung zeigt: Er ist ein Sinto. In diesem Buch erzählt ein Berliner Sinto sein Leben.

In Deutschland sind Politik und Publizistik heute – mehr denn je zuvor – vertraut, mit Begriffen wie »Sinti« und »Roma« vernünftig umzugehen. Aber alle wissen auch, daß es noch nicht gelungen ist, überall im Lande das herkömmliche »Zigeuner«-Bild zu überwinden. Aber einiges hat sich schon verändert, seitdem sich die Sinti und die Roma Ende der Siebziger Jahre zu Wort gemeldet haben. Sie haben gefordert so bezeichnet zu werden, wie sie selbst es sich über Jahrhunderte hinweg gewählt haben. Sie wollten mit diesen Dingen aus althergebrachten Vorurteilen ausbrechen. Und gleichzeitig wollten sie ihre eigenständigen Traditionen bekennen und anderen vermitteln.

Die Kindheit von Otto Rosenberg war ärmlich, aber die Armut gehörte irgendwie zum Gewohnten. Es gab Ordnung in der Familie, einerseits aus Tradition und andererseits selbst gewählt. Er konnte zur Schule gehen, und er lernte gern und gut. Später gab es so etwas wie Berufsausbildung. Aber da bestimmte der Nationalsozialismus schon immer zwingender den Lauf der Dinge. Eine Station der Zwangsarbeit folgte der nächsten; Hunger bestimmte den Tag und Angst die Nacht.

Und dann Auschwitz: Otto Rosenberg gibt nicht den großen Überblick über diese Maschinerie zur Menschenvernichtung. Er liefert auch nicht die umfassende Statistik. Er erzählt von sich und seinen Nächsten, von ihrer aller Existenz. Dieser Bericht ist einfach und dürr in seinen Worten, er ist – wie könnte es anders sein – schmucklos. Aber auf eine besondere Weise vermittelt er das Grauen jener Jahre, die Not, die Angst.

Über Auschwitz ist schon viel geschrieben worden. Aus unterschiedlicher Sicht und in verschiedener Absicht. Hier allerdings spricht kein Jude und kein Pole. Hier berichtet ein Sinto. Aus seiner Perspektive sehen wir den Holocaust nicht neu und auch nicht weniger grausam. Wir sehen ihn in einem anderen Licht.

Es ist bemerkenswert, wie bei all dem Grauen und angesichts jener Unmenschlichkeit Otto Rosenberg die wenigen Fälle registriert, in denen einzelne Deutsche ihm und Leidensgenossen geholfen haben. In der Fabrik und im Lager, Arbeitskollegen und Wachpersonal. Gerade an dem Bemühen, das Wenige zu sehen, das es an Menschlichkeit gab, wird aber deutlich, wie schrecklich diese Zeit und wie unmenschlich gerade Deutsche in großer Zahl waren, viele Deutsche: »Wie das, was von der SS und, wie man so sagt, von Deutschen wie du und ich getan wurde,

Otto Rosenberg

Das Brennglas

Aufgezeichnet von
Ulrich Enzensberger

mit einem Vorwort
von Klaus Schütz

Eichborn.**Berlin**

Die Deutsche Bibliothek – CIP-Einheitsaufnahme

Rosenberg, Otto:
Das Brennglas / Otto Rosenberg. Aufgezeichnet von
Ulrich Enzensberger. - Frankfurt am Main : Eichborn, 1998
(Eichborn. Berlin)
ISBN 3-8218-0649-4

© Eichborn GmbH & Co. Verlag KG,
Frankfurt am Main, Februar 1998
Lektorat: Mathias Gatza
Umschlaggestaltung, Layout und Satz: Petra Wagner
Druck und Bindung: Wiener Verlag, Himberg
ISBN 3-8218-0649-4

Das Umschlagfoto zeigt Otto Rosenberg mit zwei Freunden
in den ersten Nachkriegsjahren.

Verlagsverzeichnis schickt gern:
Eichborn Verlag, Kaiserstr. 66, D-60329 Frankfurt am Main
Internet: http: // www. eichborn. de

überhaupt geschehen konnte, das übersteigt den Horizont. Das begreift niemand. Niemand weiß, warum Menschen so sein können.« Und Otto Rosenberg zieht seine Bilanz: »Und ich meine, es gab sehr viele deutsche Soldaten, die auch gut waren. Aber die meisten von ihnen waren schlecht.«

Der Autor hat erst jetzt – mehr als fünfzig Jahre später – die Kraft gefunden, sich so zu erinnern, daß er dieses Buch schreiben konnte. Dies ist keine Anklageschrift, es rechnet nicht auf, und es rechnet auch nicht ab. Ein Sinto erzählt sein Leben. Er lebt heute in Berlin. So normal wie andere auch in dieser Stadt: ein Berliner Sinto.

Klaus Schütz
Berlin, im Februar 1998

I.

Wir waren seit jeher, solange ich denken kann und nach allem, was mir erzählt worden ist, deutsche Sinti.[1]

Mein Vater handelte mit Pferden, und meine Mutter war Hausfrau. Sie ging hausieren und wahrsagen.

Ich bin in Ostpreußen geboren, 1927, in Draugupönen. Meine Eltern haben sich damals getrennt, und so wurde ich dann, zwei, drei Monate alt, zu meiner Oma nach Berlin gebracht.

Meine Oma sagte:

»Ja, der Junge kann bei mir bleiben.«

Später kam meine Schwester Therese nach, und dann auch mein ältester Bruder, Max, und wir wohnten alle drei dann bei unserer Oma.

Mein zweiter Bruder, Waldemar, war nur kurze Zeit bei uns und ging dann wieder zu meinem Vater nach Ostpreußen, bei dem auch meine Stiefschwester lebte, eine Tochter meines Vaters aus erster Ehe. Sie blieben beim Vater in Ostpreußen, in der Gegend um Stallupönen und Gumbinnen, um Białystok, bis hinauf zur litauischen Grenze.

Mit etwa fünf Jahren war ich noch einmal eine Zeitlang bei meinem Vater, aber nicht lange, nur für ein paar Wochen. Er war ein sehr bekannter Mann, auch hier in Berlin. Er hatte meine Größe, war also ziemlich klein, aber viel korpulenter, wog über zwei Zentner und trug einen Spitzbart und einen aufgezwirbelten Schnurrbart.

Er spielte mehrere Instrumente. Es wurde viel Gutes über ihn gesagt, aber er weil er sehr jähzornig war, hatten viele auch Angst vor ihm.

Viele unserer Leute waren in Wohnwagen unterwegs. Aber meine Oma neigte nicht dazu. Innerhalb Berlins zogen wir schon einige Male um, von Weißensee, Rennbahnstraße, Feldtmannstraße, Müllerstraße nach Pankow-Heinersdorf und dann nach Alt-Glienicke. Aber auf Reisen sind wir nicht gegangen.

Wir wohnten einfach und schlicht auf angemieteten Privatplätzen. Die Feldtmannstraße war zur Straße hin abgeschlossen und hatte ein richtiges Tor. Da standen mindestens zehn Wagen. Wenn uns ein Platz nicht mehr gefiel, haben wir angespannt. Die Pferde liehen wir uns von der Verwandtschaft oder von Bekannten. Abends saß man noch zusammen am Feuer, trank eine Flasche Bier und aß, und am andern Morgen, ganz früh, hörten wir Kinder dann schon die Pferde auf dem gepflasterten Platz. Wir halfen die Stränge festmachen, schirrten auf, und dann kam der Wohnwagen dran, der hatte vorne meist zwei Türflügel oder ein Fenster, das man herunterlassen konnte, und hinten wurde noch ein Plattenwagen angehängt, auf dem die Leute, die uns halfen, später wieder zurückfuhren. Wenn wir dann angekommen waren, wurde ausgespannt. Die Pferde bekamen Häcksel, schön durchgewalkt mit Quetschfutter und Hafer, und dann noch ein Bündel Heu, und wir aßen erst einmal und rangierten dann die Wagen und stellten sie auf. Wir blieben, und die anderen fuhren abends wieder zurück mit ihrem Plattenwagen. Da kam dann eine Laterne dran, eine Petroleumlampe.

An den Seiten eines Plattenwagens waren Eisen oder Hölzer mit Schlitzen, an denen bis zu einer Höhe von etwa eineinhalb Metern Querhölzer und Bretter befestigt wurden. Darüber kamen dann Eisenbügel oder, besser noch, frisch geschnittene Birken- oder Haselnußzweige. Die wurden eingefalzt und gebunden und verflochten, das wurde so fest wie sonst was. Und über die kam dann eine Plane. Rechts und links baute man Kästen, zum Sitzen und für Krimskrams.

Die Pferde wurden immer sehr gepflegt. Wenn ein Pferd vertauscht oder verkauft wurde, wurden fixe Jungen gebraucht, die es vorführten. Das habe ich mehrmals gemacht. Hat der Handel geklappt, gab es Halftergeld, zehn oder zwanzig Pfennig. Wenn das Pferd den Kopf gesenkt hielt, ruckelte man am Zügel, bis es schön nach oben sah.

Die Frauen gingen hausieren und wahrsagen. Die Männer flochten Körbe, fertigten Tische und Stühle aus Wurzelholz und haben Schränke verziert. Später wurde das alles verboten. Später mußten sie Pflichtarbeit machen und bekamen dafür Wohlfahrtsgeld.

Die Familie meiner Mutter war unter den Sinti sehr geachtet. Die Brüder meiner Großmutter waren intelligente Leute, speziell mein Großonkel Anton und mein Großonkel Albert. Sie lasen Bücher, waren groß im Rätselraten, schrieben beide eine wunderbare Schrift und beherrschten die Rechtschreibung. Sie bauten Muttergottes-Kapellen und verzierten ganze Wohnwagen mit Wurzelholz, alles mit Axt und Messer. Sie waren am versiertesten. Ihre Brüder halfen, bauten Gerüste oder schnitzten Holznägel.

Die Rosenbergs führten die Verhandlungen mit den Behörden und wurden gefragt, wenn man etwas wissen wollte. Mein Großvater stellte Schriftstücke aus. Wenn jemand starb, regelten die Brüder die Beerdigung und gingen mit der Mütze oder dem Hut herum und sammelten Geld. Dann gingen sie damit in eine Kneipe und versoffen es. Einer der Brüder war gut bekannt mit dem Sargmacher:

»Statte das so und so aus. Und wenn du fertig bist, sag mir, was es kostet, das bezahle ich dann.«

Und das war auch so. Das Geld, was versoffen worden war, hat er dann bezahlt, und die Sache war erledigt. Ein Zeichen, daß einer dem andern geholfen hat.

Die meisten auf dem Platz gingen arbeiten. Sie gingen ständeln, und manche schnallten sich eine Kiepe um und verkauften Kurzwaren oder Lederwaren. Und dann gab es auch die Faulpelze, die machten gar nichts, die saßen in der Ecke und klimperten auf der Gitarre. Mein Onkel Florian, ein enorm kräftiger Mann, war Hucker auf dem Bau. Damals gab es noch keine Aufzüge. Die Ziegelsteine kamen auf ein Gestell, auf den Rücken, eineinhalb Zentner oder mehr, und damit ist er drei Leitern hochgestiegen.

Auf dem Platz wurde auch viel Karten gespielt, Skat oder Schlesische Lotterie. Wir Kinder spielten ein Spiel mit fünf Steinen. Panschbara nannten wir das. Wir malten uns mit einem Stock einen Hopser in den Sand und warfen eine Kette hinein. Die jungen Leute machten Sport, stemmten alte Wagenachsen oder spielten Fußball. Dazu stopften sie ihre Jacken in einen alten Pullover und nähten den zu.

Besonders schön waren die Feiern. Dann kamen mehrere Gitarren zusammen und Geigen und ein Kontrabaß und auch eine Ziehharmonika. Es gab wunderbare Stimmen. Mein Bruder Max konnte herrlich singen. Er wurde immer geholt, wenn es etwas zu feiern gab.

Wir waren auf diesen Plätzen eine einzige große Familie. Man kannte sich. Ganz Fremde sind überhaupt nicht gekommen. Man half sich gegenseitig mit Zucker und Salz und Zwiebeln aus, und wenn die einen Frauen noch unterwegs waren, dann haben die andern für deren Kinder Stullen geschmiert.

Meine Eltern waren für mich mehr oder weniger immer nur Besucher. Wenn sie kamen, war es meist spät am Tage, und ich war schon müde und bin eingeschlafen.

Einmal, daran erinnere ich mich noch, saß ich bei meiner Mutter im Wohnwagen. Sie kochte Makkaroni. Ich saß da, auf dem Bett, und wartete auf das Essen. Und dabei schlief ich ein. Als ich aufwachte, war ich bei meiner Großmutter.

Später, nachher, nach dem KZ – vorher war ich nie dazu gekommen, mit meiner Mutter darüber zu sprechen – nach dem KZ, habe ich zu ihr gesagt:

»Na du bist ja die richtige Mutter.«

So aus Quatsch:

»Weißt du noch, Mama, wie ich bei dir im Wagen gesessen bin, und du hast Makkaroni gekocht, und ich bin eingeschlafen und habe nichts gekriegt?«

»Ach«, sagte sie, »mein Junge, daran kann ich mich noch erinnern. Ja, du warst eingeschlafen, aber ich hab sie deiner Großmutter mitgegeben. So einen großen Teller! Ich hab noch zu ihr gesagt: Nimm bloß die Makkaroni mit, sonst sagt er hinterher, wenn er wach wird, er hat nichts gekriegt.«

Ich war nämlich als Junge immer hungrig, und wenn mir jemand etwas zu essen gab, mußte ich dafür sehr lange und viel arbeiten.

Zu meiner Großmutter fühlte ich mich mehr hingezogen als zu meinen Eltern. Wenn sie irgendwo hinging, nahm sie mich jedesmal mit. Sie war diejenige, die mich unterrichtete, und von ihr erfuhr ich, was vor meiner Zeit geschehen war.

Gegen Abend wurde Feuer gemacht, und da kamen dann die älteren Frauen zusammen und erzählten von früher viele, viele Geschichten von Verwandten und Verstorbenen. Oder alte Märchen, schön erfundene Geschichten, die aber mitunter auch bösartig waren. Meine Großmutter wickelte mich, wenn sie so dasaß, immer in ihre Schürze, und ich konnte alles mitanhören, was erzählt wurde.

»Mami!« sagte ich dann wohl – ich sagte nicht Großmutter, sondern ich sagte:

»Mami, was war da gewesen? Warst du da dabei?«

»Ja, mein Junge.« Ihre Stimme war so weich und so lieb.

»Bist du da auch dabeigewesen?«

»Ach, mein Junge, frag nicht soviel, ich hab Kopfschmerzen.«

Und wiederum hab ich gefragt:

»Was ist das, Kopfschmerzen? Mami, sag doch, wie ist
das denn, wenn du Kopfschmerzen hast?«

Ich wollte immer Kopfschmerzen haben als kleiner
Junge, um zu wissen, was Kopfschmerzen sind. Ich habe es
nicht herausbekommen. Später natürlich schon.

Nie nahm sie Medikamente, höchstens Hoffmanns-
tropfen, wenn ihr einmal übel war. Wenn sie Kopfschmerzen hatte, tat sie Essig auf einen Lappen und band ihn sich
um den Kopf. Oder ein Rhabarberblatt. Wenn die Sonne
herabstach, nahm meine Mami ein großes Rhabarberblatt,
legte es sich über den Kopf und band ihr Tuch darüber.
Das war ein gewisser Sonnenschutz.

Wir lebten, Tatsache, sehr friedlich dahin. Es war die
Zeit von Hindenburg. Ich erinnere mich an die großen
Fünfmarkstücke, die seinen Kopf zeigten.

Wir zogen schließlich nach Altglienicke-Bonsdorf, in
den Sandbacher Weg. Mein Onkel Florian, der Hucker auf
dem Bau, hatte wohl diese Verbindung aufgenommen. Wir
mieteten dort eine Wohnung, eine bessere Laube, und dazu noch ein Stück Land, wo wir unseren Planwagen auf-
stellten. Wir, damit meine ich meine Oma, meinen Bruder
Max und auch meinen Bruder Waldemar, zeitweise, meine Schwester Therese, den Onkel Florian, der dort ebenfalls seinen Wagen aufstellte, und seine Familie, meine
junge Tante, die Camba, und ihren Mann, Paul, der auch
noch sehr jung war. Dazu kamen andere Leute, unter
anderem eine Familie Krapp, ein Bayer, der eine Sintezza

geheiratet hatte, mit einigen Kindern. Die handelten mit Schrott, mit Schrauben und Kupfer. Und da haben wir mehrere Jahre lang gewohnt.

Wir bauten uns kleine Holzhütten für die Hühner und Karnickel, und wir Kinder hielten den Hof sauber und fegten die Straße und sammelten Papier auf und weggeworfene Zigarettenkippen. Der Hauswirt gab uns dafür manchmal ein Eis oder einen Bonbon.

Vom Sandbacher Weg aus gingen wir dann zur Schule.

Ich bin damals, als Kind schon, diskriminiert worden, aber als Kind faßt man das anders auf. Und ich habe mich auch zur Wehr gesetzt. Den Kindern gegenüber, die mich diskriminiert haben.

Ich ging immer in Holzpantoffeln, ich nehme an, weil das Geld für Schuhwerk fehlte. Und mit diesen Holzklotzen habe ich mir Respekt verschafft. Die waren dafür sehr geeignet.

Die Kinder schnallten die Schulmappe vorne auf die Brust. So spielten sie Flugzeug, und dabei rempelten sie mich an und beschimpften mich auch, ich wäre ein dreckiger Zigeuner, und vieles mehr.

Ich habe deshalb auch einen Polizistensohn einmal mit meinen Pantinen verhauen. Anderntags kam der Polizist mit seinem Sohn in unsere Klasse. Mir blieb fast das Herz stehen vor Angst. Unser Lehrer, Herr Kühne, in meinen Augen ein großer Mann, einsachtzig bis zwei Meter groß, rief mich nach vorne, und der Polizist stellte mir einige Fragen. Warum ich das getan hätte?

Ich sagte:

»Weil er mich beleidigt hat, und weil er mir ›Zick-Zack-Zigeunerpack‹ hinterhergerufen hat. Wir sind in Streit geraten. Er hat mich geboxt und hat mir mit der Schulmappe – und da hab ich meinen Pantoffel genommen und habe ihn mit dem Pantoffel – «

»Ja, ist gut.«

Er sprach mit meinem Lehrer, und ich durfte meinen Platz wieder einnehmen. Ich dachte erst, der Polizist würde mich einsperren. Als Kind hat man ja eine besondere Vorstellung von der Polizei. Aber das tat er dann nicht, und ich war sehr froh darüber. Mein Lehrer nahm mich nachher noch einmal ins Gebet: Ich dürfe so etwas nicht tun, und wenn irgend etwas sei, solle ich ihm das doch sagen; er würde die Sache dann schon regeln. Und ich hatte im allgemeinen danach auch Ruhe.

In diese Bonsdorfer Schule ging auch ein Cousin von mir, Oskar. Er wohnte ebenfalls in Altglienicke. Wir zwei Rosenbergs saßen in derselben Bank, und weil es kaum Schulbücher gab, hatten wir ein gemeinsames Lesebuch. Wenn es ans Lesen ging, haben wir beide immer zusammen gelesen und gewetteifert. Ich fand das eigentlich ganz schön.

Christa Kühne, die Tochter des Lehrers Kühne, war meine Freundin, und Gerda, Gerda Nitschke, war die Freundin von Oskar, meinem Cousin. Uns ging es natürlich nicht so gut wie den Lehrerstöchtern. Die konnten Milch und Kakao trinken. Manchmal bekamen wir Quäkerbrötchen, ja, das nannte sich Quäkerbrötchen, und Milch, aber nur von Fall zu Fall. Die Mädchen ließen uns aus ihrer Kakao- oder Milchflasche trinken, indem sie den Strohhalm umdrehten, und gaben uns von ihrem Frühstück etwas ab. Das fand ich ganz gut.

Eines Tages ist es mir schlimm ergangen. Wir gingen zum Duschen, und da ich ja nun etwas dunkler war als meine Kameraden, sagten sie:

»Los, nehmt mal den Otto und schrubbt den, damit er ein bißchen weißer wird.«

Für die war das lustig, für mich nicht. Aber die Haut blieb dran, und ich bin trotzdem nicht weißer geworden.

Wenn die Schule zu Ende war, machten wir oft einen Umweg. In der Nähe, in Adlershof, gab es ein großes

Kirchengebäude, Kloster, mit Nonnen. Eine ältere Schwester, Schwester Riecke, sagte, wenn wir ankamen, immer:

»Grüß Gott, liebe Kinder, möchtet ihr ein bißchen Suppe haben?«

Und wir sagten:

»Ja.«

Wir bekamen dann einen Teller Suppe und eine Scheibe Brot. Das war für uns Kinder in so einer Zeit, obwohl noch tiefer Frieden war, herrlich. Wir sind immer da vorbeigegangen und dann allmählich nach Hause.

Die Straßenarbeiter, die asphaltierten und Teer kochten, faszinierten mich. Ich mußte stehenbleiben und zugucken und mit ihnen sprechen. Meistens gaben sie mir auch noch eine Stulle und fragten mich, was ich machte, wo ich herkäme, und ich war immer freudig dabei, ihnen Antworten zu geben.

Und hinten am Wald wohnte eine Familie Ingaschewski, die hing mit der Kirche zusammen; bei der haben wir immer gebetet und Unterricht im Glauben bekommen; da war es auch sehr schön.

Ja, das ist lange her. Wir haben in Frieden gelebt.

Meine Großmutter war eine wunderbare Frau. Sie war so etwas von lieb und gut! Sie konnte sich mit jedem verständigen, unterhalten, und sie war auch sehr um uns besorgt, daß es uns gutging. Wir waren nicht reich. Wir hatten das Nötige. Was man gerade braucht, das hatten wir. Und wenn unsere Socken auch oft Löcher hatten, und wenn sie auch oft dasaß und Strümpfe stopfte oder einen Flicken auf die Hose nähte oder das Hemd und den Kragen wendete – wir waren immer sauber und ordentlich, also nicht das, was man dreckige Zigeuner nennt, was ein solches Vorurteil bestätigt hätte.

Ich war immer hilfsbereit, immer in der Erwartung: Wenn du etwas tust, dann bekommst du auch etwas dafür.

Und immer gab man mir etwas, und wenn es auch nur ein Bonbon war. Aber auch das war ja für mich schon wieder eine Anerkennung.

II.

Wir wurden dann eines Morgens, es kann früh um vier, fünf Uhr gewesen sein, durch die SA und die Polizei aufgeschreckt.

»Los, anziehen! Schnell, schnell!«

Holterdipolter. Unsere Polizisten, die wir vom Sehen kannten, waren auch dabei.

Wir wurden auf Lastwagen geladen. Unser Planwagen wurde ebenfalls mitgenommen. Wir wußten nicht, woher die Leute das Recht hatten, uns von einen Privatplatz wegzunehmen.

Wir wurden nach Berlin-Marzahn verfrachtet. Offiziell hieß der Ort: Berlin-Marzahn Rastplatz. Rastplatz.

Das war 1936, vor der Olympiade.[2] Ich war gerade neun Jahre alt geworden.

Da sind wir nun hingekommen. Am Anfang stand dort noch hohes Gras. Wenn wir Kinder hineinliefen, dann waren wir weg. Das wurde dann alles abgemäht, umgegraben und planiert, da kamen dann Steine hin, wo die Wasserstellen waren. Das wurde nachher ein vollkommen glatter Platz.

Sie luden uns einfach ab. Wir wurden festgesetzt. Es hieß, keiner darf den Platz verlassen.

Überall waren Gräben. Die Wiesen um uns her waren Rieselfelder. Und ständig kamen Wagen, die Jauche in diese Gräben pumpten. Es hat furchtbar gestunken. Normalerweise hätten wir uns an einem solchen Ort nie aufgehalten, schon allein wegen unserer Gesetze nicht, die das verbieten. Wir wurden aber zwangsweise dort abgestellt.

Sonst hat sich keiner um uns gekümmert.

»Nun seht mal zu, wie ihr da zurechtkommt.«

Heute stehen dort Hochhäuser. Wenn ich heute auf dem Platz stehe, kann ich mich nur an den Geleisen orientieren, am Bahnübergang und am Friedhof. Der Zug fuhr direkt am Lager vorbei nach Werneuchen.

Vom Dorf Marzahn aus ging man ungefähr zwanzig Minuten zu Fuß, dann kam man zu unserem Platz. Am Platz vorbei ging es nach Falkenberg.

Na, nun waren wir dort: meine Oma, mein Bruder Max, meine Schwester Therese, meine etwa vierzehn, fünfzehn Jahre alte Tante Camba und ich. Oskar war auch da, dann sein Vater, mein Onkel Florian, der Bruder meiner Mutter; Bodo, der jüngere Bruder von Oskar, seine Schwester und ein weiterer Bruder, vier Geschwister, wie wir. Das Mädchen ist dann in Marzahn gestorben. Die Jenny, ja, die ist dann später in Marzahn gestorben. Es kamen immer mehr Leute, und es gab immer mehr Krankheiten. Die Leute wohnten dann in zusammengezimmerten Wellblechbuden, die sie sich selbst beschaffen mußten, damit sie Unterkunft hatten. Es war ja nichts da.

Eine Polizeibaracke wurde aufgestellt, das schon. Neben die Polizeibaracke kam eine Schulbaracke, denn wir durften die Volksschule nicht mehr besuchen. Das war für uns das Aus.

Die große Schule in Berlin-Marzahn, gleich neben der Dorfkirche, durften wir nicht besuchen. Wir hatten nur einen Lehrer. Es gab zwar mehrere Klassen, aber nur zwei Räume. Einer war für die ganz Kleinen. Einen Teil der Bücher bekamen wir umsonst, aber wir mußten auch etwas dazuzuzahlen. Wir besaßen ein Rechenheft, ein Schmierheft, ein Schönschreibheft, eine Lesefibel und ein Rechenbuch. Mehr hatten wir nicht, das war's. Viel gelernt haben wir nicht.

Wir durften aber in das Dorf einkaufen gehen. Es gab dort einen Milchmann, Herrn Drilling, ein Kolonialwarengeschäft mit Kohlenverkauf, das war Herr Haase, und wir kannten den Schmied. Wir kannten die Leute da alle, und die kannten uns. An der Kirche war auch eine Haltestelle, und mit diesem Bus sind wir immer gefahren. Wir durften, nachdem alle Papiere bekommen hatten und alles festgeschrieben war, den Platz verlassen. Wir durften auch in die Stadt fahren, mußten aber immer wieder ins Lager zurück.

Wenn wir fortgingen, mußten wir an der Polizeibaracke vorbei. Sie hatte ein riesiges Fenster, durch das der Platz überblickt werden konnte. Man mußte an den Polizisten vorbeigehen. Meist hat man sie auch gegrüßt, weil man sie kannte, und wenn man zurückkam, auch. Andere Wege, die für uns zum Einholen, oder um auch einmal zum Bahnhof zu gehen, kürzer gewesen wären, durften wir nicht benutzen. Wer diese anderen Wege beschritt, auf den wurden die Hunde gehetzt, der wurde verprügelt und mußte wahrscheinlich noch Strafe zahlen.

Aber es gab doch immer wieder Leute, die sich den Weg leichter machten.

Ich kann mich entsinnen, daß wir, wenn wir Brennmaterial brauchten, bis zu zwanzig Minuten zu Fuß gehen mußten. Beim Händler Willi Haase konnten wir Kohlen holen, in Säcken zu einem halben oder viertel Zentner. Ich nahm den Sack auf die Schulter und machte unterwegs immer wieder Pause. Ich war ein Junge von neun, zehn Jahren.

Wasser holen, Holz holen, Kohlen holen – ich habe viel zu Fuß gemacht. Manchmal lief ich am Tag drei-, viermal vom Rastplatz bis zur Dorfkirche in Marzahn. Die Frau beim Bäcker sagte immer:

»Na, mein Herzchen, was darf es denn heute sein? Hast du dir wieder nicht die Augen gewaschen?«

Später hat dann auf dem Platz ein gewisser Fuhrmann Milch verkauft, und Walter Schwarz eröffnete dort einen Kaufmannsladen. Er machte gute Geschäfte.

Ich bin im eisigen Winter Milch holen gegangen, eine halbe Stunde zu Fuß. Meine Hände waren wie Haken. Manchmal bedauerte ich mich selbst. Meiner Oma tat das immer sehr weh. Sie zankte deshalb oft mit den Leuten, vor allem, wenn es hieß, ich hätte etwas ausgefressen. Dann fragte sie mich:

»Sag mal, hast du das gemacht?«

»Nein, Mami, ich war das nicht.«

Ich log meine Oma nie an, nie, nie, nie. Warum? Weil sie mir das Liebste war, und da sagt man immer die Wahrheit. Meine Oma stellte sich dann hin und sagte:

»Mein Sohn war das nicht, und das weiß ich, wenn mein Sohn das gewesen wäre, dann hätte er mir das auch gesagt.«

Wenn ich wirklich etwas angestellt hatte, sagte ich:

»Ja, das ich bin gewesen.«

Und dann sagte sie:

»Los, komm mal rein!«

Aber so herrisch. Sie nahm dann einen Teppichklopfer oder einen Latschen, klatschte irgendwo drauf und sagte:

»Schrei doch!«

Und ich immer:

»Aua! Aua! Aua!«

Die Leute draußen dachten: Jetzt schlägt sie ihn. Aber sie hat mich nicht bestraft. Nein, nein.

Einmal kamen türkische Sinti mit einem kleinen Zirkus, mit Pferden. Sie hatten auch mehrere Affen, mit denen sie hausieren gingen, dressierte Affen, die dann den Hut hielten, und Braunbären, die zum Tamburin tanzten.

Ich hatte eine türkische Freundin. Sie hieß Katharina und schenkte mir ab und zu ein paar Pfennige.

Einmal erwischte mich ein Affe. Ich wollte sie besuchen und ging dicht am Käfig vorbei. Er war zwar an einer Kette, aber ich war so nah, daß er mich am Kopf packen konnte. Er drückte mich runter, suchte nach Läusen und wollte nicht wieder loslassen. Mir blieb nichts anderes übrig, als um Hilfe zu rufen:

»Katharina! Katharina!«

Sie sprach nur türkisch. Der Affe konnte rückwärts springen, Salto, das alles konnte er.

Die Tochter des Bruders meiner Oma heiratete damals einen der türkischen Sinti.

Mein Bruder Max brachte mir einmal eine alte preußische Pickelhaube mit. Ich putzte sie, bis die Schuppen glänzten. Ich spielte damals viel mit dem gleichaltrigen Sohn einer Romafamilie. Der hatte einen kleinen Hund. Und eines Tages kam dieser kleine Junge in einer Militäruniform an, mit Helm und Hakenkreuz und Sturmriemen und Säbel, mit allem, was dazugehört. Ich fand das schön, ich hätte das auch gerne gehabt.

An Weihnachten versuchte immer jeder, irgendetwas zu basteln, um den andern Geschenke entgegenzubringen, um Freude zu übermitteln.

Einmal kam auch ein Bischof auf den Platz, abends, es war schon dunkel, mit einem Esel und einem Zwerg. Er hatte eine richtige Bischofsmütze auf und einen großen Stab in der Hand und ging herum, zu den Kindern. Der Esel trug eine Tasche, und jedes Kind bekam einen Beutel mit einem Apfel und ein paar Süßigkeiten. Der Bischof begrüßte jedes Kind und legte ihm die Hand auf. Er kam auch zu mir. Für mich war das etwas Großes, Riesiges. Ich war ja auch für mein Alter noch ziemlich klein.

Ich guckte so und gab ihm zögernd die Hand. Sie war so weich und – ja, so richtig angenehm und steckte in einem riesigen Handschuh und war wie Angora so weich. Das war für mich eine große Freude. Und dann bekam ich auch noch die Tüte – noch eine größere Freude.

Es kamen sehr viele Neugierige vorbei, die fotografierten und sich auch einige Male auf den Platz schlichen. Dann kam die Polizei und hat sie sofort verjagt:

»Runter!«

Aber die katholischen Schwestern und Missionare fanden immer einen Weg. Sie stammten unter anderem vom Strausberger Platz, vom Christkönighaus. Es wurden zwar keine Messen in Marzahn abgehalten, aber es wurden Gotteslieder gesungen und Bilder von Jesus erklärt. Das war eine schöne Sache, aber man muß auch sagen, daß die katholische und die evangelische Kirche die Kirchenbücher preisgaben und so die Verfolgung der Sinti und Roma unterstützten.

Das Christkönighaus haben wir Kinder regelmäßig besucht. Dort sind wir im Katechismus unterrichtet worden, jeden Freitagabend, nach der Schule. Wir konnten dort auch übernachten. Sonntags fuhren wir wieder nach Hause. Wir bekamen zu essen und schliefen in einem Schlafsaal.

Es gab dort den Pater Petrus, den Bruder Williges und den Bruder Bonifazius. Letzterer hatte einen Riesenbuckel. Sie waren aber alle sehr nett. Direktor Trüding unterrichtete uns im Katechismus, im katholischen Glauben, bis wir zur Kommunion gingen.

Für die Erste Heilige Kommunion fertigten sie für uns Kleider an. Wir bekamen hochhackige Holzschuhe und Anzüge mit einem weißen, abknöpfbaren Aufsatzkragen. Im Christkönighaus waren wir froh. Das Essen hat so gut geschmeckt, und nachmittags oder zum Abendbrot gab es eine wohlschmeckende, süße Suppe in einer großen Tasse, in einem Humpen, und dazu gebackene oder aufgebratene Klöße. Ich kann mich an ihren Geschmack noch erinnern, habe sie aber nie wieder gegessen, nie wieder bekommen. Schon allein wegen dieser Speise zog es uns dorthin.

Und dann hieß es auch: Wenn ihr hier bleiben wollt, die Zeiten sind ja schlecht, dann wäre es doch schön, wenn Otto ein Ministrant werden sollte. Wir fingen schon an, ein bißchen Latein, das Stufengebet, zu lernen.

»Et introibo ad altarem dei …«

Ich war schon drauf und dran. Wenn alles so weitergegangen wäre, wäre ich wahrscheinlich in diesem Christkönighaus geblieben und wäre, nach meinem Denken und Dafürhalten und nach meinem Glauben, wenn der Krieg nicht dazwischengekommen wäre, vielleicht Pfarrer geworden. Aber das weiß man nicht.

Es kamen auf den Platz dann auch der Rassenforscher Dr. Ritter und Eva Justin.[3] Die beiden gingen systematisch von Baracke zu Baracke und von Wohnwagen zu Wohnwagen und haben ihr Ziel genau angesteuert. Sie gaben den Leuten eine Tüte Kaffee:

»Jetzt kochen Sie erst mal ein bißchen Kaffee!«

Sie befragten die Leute nach ihrer Herkunft, wo sie herstammten, nach ihren Eltern, nach ihrer Mutter, nach den Großeltern usw. Nun konnten einige Auskunft geben, aber einige, die schon älter waren, hatten auf Anhieb nicht gleich alles parat. Ich kann mich an eine mindestens achtzig Jahre alte große, kräftige Frau erinnern, der sie deshalb die Haare abschnitten. Furchtbar, wenn man sich das überlegt. Sie hatte wohl nicht die Wahrheit gesagt oder nicht das, was die Justin und der Dr. Ritter wissen wollten, und war weggelaufen und hatte sich am Falkenberger Weg versteckt. Sie wurde dort von den beiden mit Hilfe der Polizei aufgestöbert und geholt. Dann haben sie ihr die Haare abgeschnitten. Stellen Sie sich das einmal vor, so einer alten Frau! Dann hatte die nur noch so Stacheln auf dem Kopf! Es war schon kalt, und da übergossen sie sie auch noch mit eiskaltem Wasser, und sie mußte auf der Stelle stehen bleiben und war, glaube ich, innerhalb von drei Tagen tot. Solche Sachen haben die gemacht! Ich sah nicht, wie es passierte, aber ich sah die Frau, wie sie tot war, und sah ihre weißen, stachligen Haare. Sie wurde nicht in einem Sarg, sondern in einer Art Blechkiste auf dem Marzahner Friedhof begraben.

Eine Reihe Gräber von den Sinti und Roma, die in dieser Zeit gestorben sind, gibt es dort noch, auch das Grab der kleinen Jenny. Aber es wurden auch viele Gräber eingeebnet, und man findet an ihrer Stelle jetzt nur noch den Sintistein, den wir gesetzt haben, und wo wir uns am zweiten Sonntag im Juni immer treffen.

Unter anderem kamen Eva Justin und Dr. Ritter auch auf unsere Familie:

»Wann? Wo? Wo? Wo?«

Ja. Was wir wußten, haben wir gesagt.

Überall stellten sie Nachforschungen an, auch in der Schule. Bei dieser Gelegenheit sagte Eva Justin:

»Ich möchte den Otto einmal nach der Schulzeit bei mir im Institut für Anthropologie haben.«

Und in dieses Institut bin ich dann gefahren.

»Na, dann setz dich mal hin. Oh, guck, hier sind so viele Perlen, nimm die doch mal!«

Vor mir lag ein Stück Draht mit einem Faden dran.

»Mach doch mal eine Kette daraus.«

Ich fädelte verschiedene Perlen auf.

»Zeig mal! Ach, wunderschön!«

Sie schrieb alles auf. Dann gab sie mir ein Geschicklichkeitsspiel, ein Brett mit Löchern, zwischen denen man eine Kugel durchlavieren mußte. Und zeigte mir Bilder: Kinder laufen weg, Scheibe kaputt, Mann kommt raus, erwischt einen. Das weiß ich noch genau. Ich sollte erklären, was da passiert. Habe ich auch alles gemacht.

Sie nahm mich mit dem Rad mit, auf dem Gepäckständer. Wir fuhren Unter den Eichen entlang und über eine Brücke. In der Curtiusstraße, da hatte sie ein Haus, ein Eckhaus, dort wohnte auch ihre Mutter.

Ich bekam ein Zimmer und ein Bettchen, wie soll ich sagen, ein Engelbettchen in meinen Augen. Da durfte ich schlafen. Und ich bekam zu essen und zu trinken. Ich fand das phantastisch. Sie war ja auch sehr freundlich und sehr lieb und sehr nett zu mir.

Nachträglich erst kam mir zu Bewußtsein, daß sie ja nur einen Test an mir vollzogen hatte. Das fand ich natürlich nicht so gut. Es wäre besser gewesen, ich hätte eine Tracht Prügel bekommen. Die hätte ich besser verkraften können als dieses. Bis heute frage ich mich: Wie konnte sie so etwas tun, obwohl sie so lieb und so nett war? So etwas belastet einen mehr als eine Strafe.

Ich habe dann im Institut längere Zeit gearbeitet. Zufriedenstellend gearbeitet. Ich klebte Dias ein. Wöchentlich ein- oder zweimal. Geld bekam ich keines. Fahrgeld wahrscheinlich, aber das kann ich nicht mehr sagen.

Die Mutter von Eva Justin war eine phantastische Frau. Sie kochte wunderbar, und als Junge legte ich darauf sehr großen Wert. Sie setzte mir Kohlrabi vor. Das weiß ich noch wie heute. Ich kannte Kohlrabi roh, aber gekocht kannte ich sie nicht. Und da sie holzig waren, aß ich sie nicht.

»Na gut, wenn du sie jetzt nicht ißt, dann wirst du sie später essen oder morgen.«

Am andern Tag wurden sie mir erneut vorgesetzt. Da mußte ich sie essen, weil ich nichts anderes bekam. Aber auf dem Tisch stand eine Maggi-Flasche, und da habe ich die Kohlrabi gewürzt.

»Na siehst du, das geht alles, nicht?«

Wenn jemand so gut und lieb zu Ihnen ist, und nachträglich erfahren Sie, daß er das nur gemacht hat, um – das übersteigt meine Vorstellung.

Es gibt für mich keine andere Erklärung, als daß sie mich doch nicht so gern hatte, wie sie vorgab. Vielleicht hatte sie mich auch gern, hat aber gleichzeitig damit ihre Arbeit gemacht. Ich weiß es nicht. Ich habe sie ja nach dem Krieg nicht mehr gesprochen, obwohl sie in Frankfurt weiterpraktizierte mit Dr. Ritter.

Ich persönlich hätte kein negatives Bild von ihr geben können. Wie denn? Wenn ein Mensch gut ist, kann man doch nichts Böses über ihn sagen.

Einmal graulte ich mich abends davor, in diesem Zimmer bei ihr zu Hause zu schlafen.

»Wovor?«

»Vor etwas Ungewissem«, sagte ich. Wahrscheinlich vor Geistern.

Und dann im Institut diese Affenköpfe und Skelette in den Glasschränken! Ich wollte nicht rein in diese Räume. Und da sperrte sie mich dort ein. Eine halbe Stunde bestimmt, oder eine Stunde, das weiß ich nicht mehr. Ich heulte und hatte Angst und war natürlich auch böse. Vielleicht dauerte es gar nicht so lange, aber mir kam es sehr lang vor. Dann schloß sie wieder auf.

»Na, hast du jetzt immer noch Angst? Du siehst doch, die können dir gar nichts tun. Du brauchst keine Angst vor ihnen haben.«

Vielleicht wollte sie mir die Angst nehmen, aber ich hatte trotzdem Angst.

III.

1938 kam dann wieder Polizei oder SA – genau kann ich das nicht mehr sagen – und sammelte alle jungen Männer ein und fuhr sie auf Lastwagen weg nach Sachsenhausen, Oranienburg.[4] Unter anderem auch meinen Onkel Paul, den Mann der Schwester meiner Mutter.

Viele von ihnen kamen von dort aus dann in andere Lager. Einige kamen nach Marzahn zurück. Aber der größte Teil nicht.

Mein Onkel hatte in Sachsenhausen Brot schneiden müssen und kam mit einer schweren Verletzung, mit einer bandagierten Hand zurück.

»Kein Wort darf ich erzählen«, sagte er. »Wenn ich hier etwas erzähle, holen sie mich wieder.«

Nach und nach hat er dann doch erzählt, was in Sachsenhausen los war. Da war natürlich schon Angst. Dann kam auch ab und an die Drohung:

»Wenn ihr euch hier nicht vernünftig benehmt, dann kommt ihr ins Konzertlager!«

Ja, Konzertlager, so wurde gesagt. Das hört sich doch gut an.

Inzwischen waren Baracken gebracht und Fundamente gelegt und die Baracken aufgestellt worden. Das waren ehemalige Wehrmachtsbaracken. Sie waren in der Mitte geteilt und wurden von beiden Seiten bewohnt, immer familienweise. Wir bekamen die Baracke 28a.

Darin wohnten nun meine Großmutter, mein Großonkel Anton, meine junge Tante Camba, mein Bruder Max, meine Schwester und ich.

Ich habe mich mit meiner Schwester selten gezankt, höchstens mal gekabbelt. Und das gleiche galt für unsere ganze Gemeinschaft. Bei uns wurde nicht geschlagen. Höchstens von unseren anderen Verwandten, aber die hätten lieber ihre Kinder schlagen sollen, nicht uns.

Dadurch, daß ich bei meiner Großmutter aufwuchs, ohne Vater und Mutter, glaubte jeder über mich bestimmen zu können.

Hinter der Polizeibaracke wurde ein Krankenzimmer angebaut für Frauen, die Babys bekamen. Die Frauen blieben so lange in diesem Krankenbau, bis sie wieder zu uns konnten.

Anschließend an diesen Krankenbau gab es ein zweites Zimmer, das Wohlfahrtsamt. Da ging hin, wer keine Arbeit hatte, wie zum Beispiel der alte Onkel Pipper, der vorher immer mit seiner Zither ständeln ging. Ich weiß noch, daß er nie mit dem Bus fahren wollte. Er sagte immer:

»Mit so einem Teufelszeug fahre ich nicht, da steige ich nicht ein.«

Meine Oma ging auch in dieses Wohlfahrtsamt, wie überhaupt die älteren Frauen. Sie bekamen ich weiß nicht wieviel, aber jedenfalls ein paar Mark im Monat.

Es gab dort einen gewissen Herrn Huckauf, das war ein Duckmäuser. Und einen Herrn Schukalla. Der hatte ein rotes Gesicht, machte auf stark und freute sich, wenn alle Angst vor ihm hatten. Eines Tages befreite er mich von der Schule und fuhr mit mir nach Lichtenberg. Dort kaufte er mir eine Knickerbocker, solch eine Überfallhose, und dazu neue Schuhe und eine passende Mütze. Man wollte ja irgendetwas Gutes für uns tun. Ich sah wie neu aus. Schmuck. Sie können sich vorstellen, wie stolz ich war, so zur Schule zu gehen.

Er bellte wie ein Hund. Mein Onkel traf ihn nach dem Krieg wieder. Und Herr Schukalla sagte zu ihm:

»Na, so schlecht war es damals ooch nich in Marzahn. Wir haben euch 'n paar Katzenköpfe gegeben, wa, aber sonst?«

Ich weiß nicht, wie es zustande kam, aber ich wurde in der Schule auf dem Platz Vertrauensschüler und meine

Schwester auch, ich für die Jungen und meine Schwester für die Mädchen. Vielleicht weil wir uns sehr bemühten, zu arbeiten und zu helfen, wo wir konnten.

Ich hatte zu meiner Schwester Therese ein inniges Verhältnis. Wir waren ja die jüngsten von uns Geschwistern. Sie hatte einen Herzklappenfehler. Wenn ihr Herz nicht richtig schlug, zitterte ihr Kopf, so schlimm war das. Wir waren damals, ich muß schon sagen, zu dumm, sie ins Krankenhaus zu bringen. Sie bekam Tropfen verschrieben, aber das nützte nichts. Sie war aber klüger als ich und auch viel weiter im Denken und Schreiben. Ich kann nicht beurteilen, wie schwer ihr die Arbeit gefallen ist, die sie als Mädchen machen mußte: saubermachen, abwaschen, den Wagen ausfegen.

Frühmorgens war ich immer der erste an der Schule. Ich durfte eine große Glocke läuten, die vorne an einer Schnur am Eingang hing.

»Ding, ding, ding …«

Damit die Kinder aus ihren Baracken oder Wohnwagen kamen. Die Reinemachefrau hatte schon saubergemacht. Dann kam der Lehrer und stellte sich hin. Den deutschen Gruß:

»Heil Hitler! Setzen!«

Danach war das erste:

»Hände auf den Tisch!«

Wer keine sauberen Fingernägel oder schmutzige Finger hatte, mußte raus und sich waschen. Dann durfte er wieder hereinkommen.

Wenn zwischendurch Pausen waren, hieß es:

»Schuhe ausziehen! Füße zeigen!«

Wer schmutzige Füße hatte, mußte sich die waschen.

Ich fand das ganz lustig. Das war ja ganz schön. Draußen stand die Pumpe. Einer mußte pumpen, und die andern wuschen sich und rannten umher. Für Kinder ist das schön.

Wenn Schüler fehlten, sagte der Lehrer zu mir:

»Otto, geh hin und sag Bescheid, die sollen zur Schule kommen.«

Ich ging und klopfte an die Wagen- oder an die Barakkentür. Manchmal schliefen sie noch, waren ganz zerzaust und hatten Federn in den Haaren.

»Mensch, du mußt zur Schule kommen, der Lehrer wartet!« »Ach, wir haben verschlafen!«

Dann machten sie sich schnell fertig und kamen. Der Lehrer, Herr Barwich, schimpfte zwar, aber das legte sich wieder.

Ich kam mit allen gut aus, auch mit der Polizei, mit dem Oberwachtmeister Politz. Auch mit dem Hauptwachtmeister Bredel. Der war gefürchtet, aber ich hatte keine Angst vor ihm. Die kannten mich alle.

»Otto, komm mal her, hol mal ein paar Kohlen aus dem Schuppen!«

»Otto, bring mal Wasser!«

Ich habe nicht einmal nein gesagt. Und was war das Ende vom Lied? Sie gaben mir etwas und mochten mich auch leiden.

Ein Obmann sorgte dafür, daß der Platz sauber war. Er brachte an den Baracken Nummern an und auch an den Wagen, so daß ein jeder sofort gefunden werden konnte. Wenn Leute nachts ankamen, schrieb er die Namen auf, um sie der Polizei zu melden.

Immer wieder kamen Besucher, die in Begleitung unserer Lagerpolizei über den Platz liefen und alles besichtigten und besprachen.

Bald lebten zirka 900 bis 1000 Menschen im Lager Marzahn, nicht nur Sinti, sondern auch viele Roma.

Unter den Sinti waren sehr viele Onkel und Tanten von mir und weitere Verwandte, wie zum Beispiel die Schwester meiner Oma und deren Söhne. Wir waren eine Riesenfamilie.

Eine der Brüder meiner Großmutter hieß wie ich Otto. Eines Tages bekam ich ein Paket vom Christkönighaus mit Zahnpasta, Zahnbürste, Taschentücher. Ich wartete immer noch auf den Postboten, da hatte mein Onkel das Paket schon abgenommen.

»Sagen Sie, haben Sie ein Paket für Otto Rosenberg?«

»Ja, das Paket habe ich da und da abgegeben.«

Ich ging zu meinem Großonkel und sagte:

»Das ist mein Paket.«

»Aber Junge! Mein Name steht da drauf.«

»Naja, aber da ist doch folgendes drin ...«

»Naja, schön, dann ...«

Wenn ich sage, wir waren fünfzig Leute, dann ist das ganz knapp bemessen. Und die Leute haben gearbeitet.

Mein Onkel Florian arbeitete weiter als Hucker am Bau. Er kaufte sich schöne Sachen, auch eine Lederweste. Das war damals etwas Besonderes.

Einer arbeitete in Neukölln in einer Wachsfabrik, wie so viele, einer bei Hasse und Frede, das war eine Steinmühle, und einer in einer Kistenfabrik in Hohenschönhausen.

Mein Bruder Max, der im »Kabarett der Komiker« hier in Berlin gearbeitet hatte, wurde in der Norddeutschen Kugellager-Fabrik in Neu-Lichtenberg dienstverpflichtet. Er wurde auch noch gemustert und der Ersatzreserve Zwei zugeteilt. Er hatte eine deutsche Freundin. Das durfte nicht sein, wegen »Unreinheit des Blutes«.[5] Und so kam er in das KZ Neuengamme und war dann gegen Kriegsende auf einem der Schiffe, die versehentlich von den Briten bombardiert wurden. Er versuchte sich zu retten und wurde erschossen.

Nur die älteren Leute blieben auf dem Platz, und die Kinder gingen zur Schule. Es herrschte eine fast, aber nicht völlig, durchorganisierte Ordnung. Jeder wußte, wo der andere war. Alle waren gemeldet. Wer konnte, ging zur Arbeit.

Sonnabends und sonntags sah es schlecht mit dem Brot aus, da war kein Brot mehr da. Meine Oma hatte noch mehr Kinder und Enkelkinder, und denen ging es auch nicht besser als uns. Und dann kamen die und forderten auch noch Brot und bekamen es auch. Ich war manchmal wütend darüber und sagte:

»Jetzt essen die das auf! Nachher habe ich nichts mehr!«

Ich erinnere mich, daß ich weinte.

»Warum macht der liebe Gott ausgerechnet über mich so ein Unglück, daß ich immer Hunger habe!«

Ich heulte, weil ich nichts zu essen hatte. Meine Oma bekam doch nur die Wohlfahrtsunterstützung. Wir machten keine großen Geschäfte.

Ich arbeitete bei den Bauern auf der andern Seite der Bahngeleise. Äpfel, Birnen, Pflaumen, Kartoffeln, alles habe ich dort bekommen. Ich ging in diesem Hof aus und ein. Ich brachte die Kuh auf die Weide und machte Ordnung. Sie hatten auch keine Angst, ich könnte etwas wegnehmen oder ihr Vertrauen mißbrauchen.

»Otto, du kannst heute mal Kirschen pflücken.«

Ich pflückte meinetwegen fünf Körbe oder mehr, und dafür bekam ich dann einen.

»Den kannst du mitnehmen für deine Oma.«

Ich half auch bei anderen Bauern, bei der Rübenernte. Für eine Reihe bekam ich fünfundsiebzig Pfennige und zwei Schnecken mit Zuckerguß. Manchmal bekamen wir auch weniger Geld, dafür aber reichlich Essen. Einen Kaffee mit viel Milch, das konnten wir uns zu Hause nicht leisten. Wir waren froh, daß wir satt wurden, und konnten dann fünfzig oder fünfundsiebzig Pfennige der Oma bringen. Das war damals viel Geld. Eine Schrippe kam auf zwei oder drei Pfennige, eine Streuselschnecke auf einen Sechser, also fünf Pfennige. Für drei oder vier Mark konnte man für alle ein wunderbares Essen kochen.

Auch die Erwachsenen arbeiteten viel auf dem Feld. Einige der Bauern hatten riesige Rübenäcker. Wenn man in aller Frühe anfing mit dem Rübenverziehen, war man erst um neun oder zehn am Ende einer Reihe. Das haben wir Kinder nicht geschafft. Für eine solche lange Reihe bekamen die Erwachsenen einige Mark. Sie hatten dann am Abend mitunter sechs, sieben Mark verdient. Dazu kamen dann noch die Pfennige von uns Kindern, das ergab zusammen zehn oder fünfzehn Mark. Davon konnte man eine ganze Woche leben.

Ich war bekannt wie ein bunter Hund, überall, ob bei Vater Philipp oder bei Rohde, das war ein Großbauer und Nazi. Der fuhr damals schon einen Mercedes, einen grünen Mercedes.

Ich saß oft vor der großen Marzahner Kirche an der Bushaltestelle. Ich holte Bekannte ab oder guckte, wer ankam. Und dabei betrachtete ich das Kirchenportal und träumte vom Wechseltaler, von dem die Alten erzählten.

Um an diesen Wechseltaler zu kommen, muß man sich eine Katze beschaffen und in einen Sack stecken und diesen Sack mit neunundneunzig Knoten zubinden. Damit geht man dann um Mitternacht zur Kirche und malt mit Kreide einen Kreis vor das Kirchenportal, stellt sich hinein und wartet, bis die Glocke zwölf schlägt. Dann schwenkt man den Sack und sagt:

»Ich habe einen wunderschönen Hasen zu verkaufen.«

Es dauert nicht lange, und der Teufel erscheint und sagt:

»Ja, ich möchte den Hasen kaufen.«

»Ja.«

»Was soll der Hase denn kosten?«

»Einen Taler.«

»Nur einen Taler?«

»Ja, nur einen Taler. Ich übergebe dir den Hasen, und du gibst mir einen Taler.«

»Abgemacht.«

Dann gibt man ihm den Sack, und der Teufel öffnet schnell die neunundneunzig Knoten. Das dauert. Dann schaut er in den Sack und sieht, daß er betrogen wurde. Er zerreißt sofort die Katze und will dich packen, aber er kommt nicht an dich heran, weil du in dem Kreidekreis stehst. Nun versucht er, dich mit allen Mitteln herauszulocken. Du mußt aber standhaft bleiben, bis es eins schlägt.

»Gong, gong!«

Dann ist der Teufel weg. Du mußt aber in deinem Kreis bleiben und dich hinsetzen, bis es hell wird. Und dann siehst du auf dem Boden einen Taler, und den kannst du so oft ausgeben wie du willst. Er kehrt immer wieder in deine Tasche zurück.

Ich habe als Kind fest an dieses Märchen geglaubt. Und so saß ich auf der Bank vor der Marzahner Kirche, an der Bushaltestelle, und träumte von diesem Wechseltaler.

Wir Sinti durften ja im Bus nicht unten sitzen auf den Polstern, wir mußten nach oben auf die harten Bretter.

Die Drohungen wurden immer stärker. Man merkte schon, die Polizei war ein bißchen anders, alles straffer und enger geworden.[6]

Wenn jemand etwas verbrochen hatte, oder wenn es abends oder nachts Zänkereien gab auf dem Platz oder auch Schlägereien, schaltete die Polizei einen riesengroßen Scheinwerfer ein und lief mit gezogenem Säbel – die hatten ja lange Säbel an der Seite, noch nicht die kurzen Wehrmachtssäbel – in das blendende Scheinwerferlicht hinein, so wie man das manchmal im Film sieht. Ich habe das als Junge sehr oft beobachtet. Wie Räuber und Gendarm, so ungefähr wirkte das auf mich. Ich sah das mit den Augen eines Jungen, aber ich sah auch, daß die Leute mit den Säbeln geschlagen wurden. Nicht mit der scharfen, sondern mit der flachen Seite. Dann kam ein Überfallkommando, und die Leute wurden gepackt und rauf auf den Wagen und mitgenommen.

Vorher hatte man, wenn es Streit auf einem Platz gab, diesen verlassen und sich einen neuen gesucht. Das ging nun nicht mehr. Die Leute in Marzahn waren verschiedener Abstammung und Herkunft. Der eine kam aus Ungarn, der andere aus Österreich, der andere aus Deutschland. Und so gab es oft Uneinigkeiten, meistens wegen der Kinder. Die Erwachsenen stritten selten. Die wußten: Wir ziehen hier alle am selben Strang. Aber wenn die Kinder sich untereinander prügelten und das eine dem andern eine Schmarre versetzte, dann ergab ein Wort das andere, und schon hatten die Frauen sich in den Haaren. Die Männer gingen dazwischen, um sie zu trennen, dann war da wieder etwas nicht in Ordnung, und schon war der halbe Platz in Aufruhr. Und dann kam der Freund und Helfer und hat für Ruhe gesorgt und hat dann viele mitgenommen und eingesperrt.

Es kamen immer mehr Leute weg, und dann hörte man schon: Ihr bekommt ein Stück Land und könnt euch im Osten ansiedeln. Solche Parolen liefen durch das – KZ konnte man da schon sagen, ja.

Unser Lehrer, der dann auch in Uniform erschien, zeigte uns auf der Landkarte, wo unsere deutschen Truppen lagen, wo sie einmarschierten. Wir verfolgten das alles.

Er nahm auch ab und zu gern einen Schluck. Er schrieb eine Aufgabe an die Tafel und verzog sich in sein Zimmer.

»Otto, paß auf, daß die Ruhe halten und schreiben!«

Als der Mann der Bauersfrau, die direkt gegenüber wohnte, eingezogen wurde, freundete sich unser Lehrer mit ihr an. Das waren keine Großbauern. Die hatten nur eine Kuh, die hieß Minka. Aber es gab wahrscheinlich doch gutes Essen.

Eines Tages gab mir unser Lehrer einen Brief, und ich glaubte, ich sollte den zur großen Hauptschule nach Marzahn bringen. Ich rannte, das war ein Weg von zwanzig, fünfundzwanzig Minuten. Als ich zurückkam, fragte mich der Lehrer:

»Wo warst du denn so lange? Hast du den Brief abgegeben?«

»Ja, dem Direktor.«

Da hätte ich den zur Bauersfrau bringen sollen! Ich rannte wieder nach Marzahn.

»Entschuldigen Sie, Herr Direktor, aber der Brief war nicht für Sie.«

»Das habe ich schon gemerkt.«

Naja, unser Lehrer war zwar böse, aber er konnte nicht viel machen.

Inzwischen war oft Luftalarm. Für uns gab es keine Bunker, und wenn wir gerade in der Stadt waren, durften wir keine öffentlichen Luftschutzräume betreten. Im Lager Marzahn verließen wir die Wohnwagen und Baracken und verfolgten das Schauspiel. Wir Kinder fanden es interessant, wie die Scheinwerfer der Flak die Bomber verfolgten. Aber es flogen auch oft Granatsplitter von der Flugabwehr ins Lager, da mußten wir aufpassen. Sie waren messerscharf. Wir Kinder sammelten sie anderntags immer zusammen.

In der Nähe war eine Flakstellung. Die Soldaten dort habe ich oft besucht. Wenn ich dort auftauchte, hieß es schon:

»Komm mal her, Otto, du hast bestimmt wieder Hunger.«

Einmal kochten sie schöne, dicke gelbe Erbsen. Das muß an einem katholischen Feiertag gewesen sein. Meine Oma schlief auf dem Sofa, und ich weckte sie.

»Guck, Mami, ich habe dir was Schönes mitgebracht.«

Danach fiel ihr das mit dem Feiertag ein.

»Ach, mein Junge, heute durfte ich das doch gar nicht.«

»Ach, Mami, jetzt hast du schon davon gegessen. Das spielt jetzt keine Rolle mehr.«

Ich muß sagen, ich habe diese Soldaten bewundert, diese großen, blonden, blauäugigen Männer in ihren schmucken Uniformen.

Zu dieser Zeit durfte kein Fremder mehr den Platz betreten. Unsere Polizei war nun vorne am Tor direkt präsent. Morgens kam sie in irgendeine Baracke oder zu irgendeinem Wagen und nahm die Leute mit, auf Nimmerwiedersehen.

Mehr und mehr Leute wurden zum Alexanderplatz, in die Dircksenstraße, Berlin C Zwo, ins Zigeunerdezernat bestellt, zum Karsten.[7]

Dieser Mann hatte das ganze Sagen.

Unter anderem wurde auch meine Mutter da hinbestellt. Sie war inzwischen auch in Marzahn. Die mußte auch in die Dircksenstraße und kam auch nicht wieder. Sie kam gleich nach Ravensbrück.

Ich kann mich erinnern, daß ich an der Dorfkirche bis zum letzten Bus wartete, mit dem sie kommen sollte, und dann ist sie nicht mehr gekommen. Ich traute mich kaum nach Hause, weil es da so dunkel war, so ganz alleine, aber ich mußte ja dann doch nach Hause.

Und so haben sie viele Leute einzeln abgeholt.

IV.

Mit dreizehn Jahren wurde ich aus der Schule entlassen, und weil meine Oma Wohlfahrtsgeld bezog und ich ja nun schon ein großer Junge war, sollte ich sie unterstützen.[8]

Ich mußte zum Arbeitsamt, bekam Arbeitsbuch, Steuerkarte und Invalidenkarte und wurde in einem Rüstungsbetrieb dienstverpflichtet. Der nannte sich Dannemann und Quandt Apparatebau, Berlin-Lichtenberg, war aber ein Rüstungsbetrieb und stellte Kartuschen für U-Boote her. Ich war sehr beliebt bei meinem Meister und bei meinen Arbeitskameraden.

Ich arbeitete als Helfer in der Spritzlackiererei und machte eine Verbesserung im Tauchverfahren. Es wurde beim Lackieren immer nur ein Ring genommen und eingetaucht. Man zog jeden einzelnen Ring von einem Eisenstab, hängte ihn an einen Haken, tauchte ihn ein, nahm ihn wieder heraus, hängte ihn zum Trocknen auf und fädelte ihn dann wieder auf den Stab. Das ging mir zu langsam.

Ich sagte daher zu Herrn Levin – heute nehme ich an, daß er Jude war:

»Ich brauche einen langen Bottich.«

Levin hat geschweißt und gelötet. Er war ein Tausendsassa. In der Werkstatt wußte er alles.

Mir wurde ein langer Kübel geschweißt.

Dann sagte ich zum Meister:

»Ich brauche einen großen Bottich Farbe, nicht so wenig.«

Ich goß die Farbe in den langen Kübel. Dann fädelte ich auf die Eisenstange die Ringe im trockenen Zustand auf, tauchte sie ein, ließ sie abtropfen und hängte sie dann zum Einbrennen in den Wagen.

Ich hatte einunddreißig Pfennige die Stunde bekommen, und durch dieses Tauchverfahren bekam ich die Stunde vier Pfennige mehr, bekam also fünfunddreißig Pfennige die Stunde.

Man kann sich vorstellen, in welch einer Position ich mich fühlte. Ich habe gejubelt. Aber es sollte gar nicht so lange dauern, da kam alles anders.

Der Meister kam zu mir und sagte:

»Otto, ich kann dir die Schwerarbeiterkarte nicht mehr bewilligen.«

»Und warum nicht? Ich arbeite doch hier, in der Spritzlackiererei, und wegen der Farben –«

»Nein.«

Die Milch – jedem stand Milch zu – durfte ich auch nicht mehr bekommen. Anweisung von oben.

»Warum? Und die andern?«

Keine Milch. Und die paar Gramm Fleisch, die auf der Schwerarbeiterkarte waren, bekam ich auch nicht mehr.[9]

Dann wurde ich von der Gemeinschaftsverpflegung beim Mittagessen ausgeschlossen. Das war das Furchtbarste. Können Sie sich das vorstellen? Ich hatte keinem Menschen was getan und war in meinem Denken und in meiner Handhabung doch noch ein Kind. Ich durfte auch nicht mehr an den Frühstückstisch, wo alle meine Kollegen frühstückten. Daran durfte ich nicht mehr teilnehmen. Ich mußte mein Brot auf einem Holzstapel draußen auf dem Hof essen. Ich durfte nicht mehr an den Tisch.

Jetzt fühlte ich mich wirklich in die Enge getrieben und zurückgesetzt. Vielen Leuten tat das leid. Sie steckten mir etwas zu und machten mir Mut. Aber es gab auch viele andere, die das alles nicht störte.

Herr Fischer, ein Ureinwohner der Firma, etwa einssechzig groß, mit hochgezwirbeltem Bart, füllte mir das Mittagessen in ein Militärkochgeschirr und stellte es an den Holzstapel.

»Ich kann nichts anderes machen, Otto.«

Der stellte mir das Essen hin. Hätte er auch nicht dürfen.

Viele Leute haben dann nicht mehr mit mir gesprochen und mich nicht mehr gegrüßt.

Ein gewisser Knop packte mir zu Weihnachten Kindersachen ein und sagte:

»Junge, nimm das mal mit.«

Vielleicht wären viele netter zu mir gewesen, aber die hatten wieder Angst vor der Gestapo, daß es dann heißen könnte:

»Der steckt dem Zigeuner etwas zu.«

Daß sie dann vorgeladen werden könnten.

Der Meister – er trug eine schwarze Uniform mit Hakenkreuz, war aber nicht SS, welche Bedeutung diese Uniform hatte, weiß ich nicht – der Meister Günther rief mich zu sich:

»Rosenberg!«

Aber so richtig energisch.

Ich trat in sein Büro.

»Nimm das, aber steck das weg, damit es keiner sieht.«

Und er gab mir ein Glas Marmelade.

Wenn er hinterher kam, und ich war am Arbeiten, tat er immer wunder, wie streng er zu mir wäre. War er aber nicht.

»Los, los, den Besen, tschuk, tschuk, tschuk, tschuk!«

Aber er war in Ordnung. Ich habe ihn nach '45 aufgesucht. Er war inzwischen bei einer andern Firma beschäftigt. Ich habe ihn begrüßt und habe mich auch bedankt.

Der Weg zur Arbeit war mit das Schlimmste. Eigentlich mußte man einen großen Umweg machen, um an der Polizei vorbeizukommen, aber ich bin meistens die Bahn entlanggelaufen, Richtung Lichtenberg. Der Zug hielt in Marzahn. Er bestand nicht nur aus Personenwagen, und so sprang ich oft auf einen Güterwaggon auf und versteckte mich im Bremserhäuschen. Im Sommer war das herrlich, aber im Winter! Lief man an der Polizei vorbei zum Bus, und es hatte geschneit, dann fuhr der oft nicht. Dann mußte man noch einmal fast die gleiche Strecke zum Bahnhof, und dann war der Zug oft schon weg, und der nächste fuhr erst eine halbe Stunde später. Und wenn man über die Bahnschienen lief und es war glatt und man trat daneben, dann rutschte man die hohe Böschung hinunter bis in die Drähte.

»Ding, ding, ding, ding.«

Wer erwischt wurde, den ließen die Polizisten von Hunden beißen, der wurde geschlagen und noch zur Anzeige gebracht. Mir ist das Gott sei Dank nicht passiert.

Ich kam also manchmal eine Stunde oder zwei Stunden zu spät. Dann kam regelmäßig der Obermeister Kramer an – den habe ich übrigens auch nach '45 wiedergesehen, aber kaum hatte er mich bemerkt, da war er schon tschuk-tschuk weg – und sagte:

»Also Rosenberg, wenn Sie noch mal zu spät kommen, dann wissen Sie ja, dann kommen Sie ins KZ.«

Jedesmal. Wenn Sie das immer wieder hören, wenn Sie regelmäßig wegen des immer gleichen Vergehens getadelt werden, und wenn das immer wieder passiert, obwohl Sie gar keine böswillige Absicht haben, dann wird Ihnen das eines Tages zuviel.

Schließlich habe ich zu ihm gesagt:

»Sie können mich mal gernhaben.«

Ich war ja noch ein Steppke. Er hätte sollen sich in meine Lage versetzen. Die Arbeit begann um sieben, das hieß, ich mußte um halb fünf aufstehen, und ich war ein fünfzehnjähriger Junge. Wie der schon gewartet hat auf mich ... Und dann kam das so von oben herab, so überlegen:

»Naja! Rosenberg! Wieder mal zu spät gekommen. Naja. Merke mir das vor. Machen Sie mal so weiter. Dann kommen Sie ins Konzertlager.«

Trotz allem war ich immer noch Einholer. Ich holte Brause, Bier und unter anderem auch die Zigaretten, und wenn jemand fehlte, dann holte ich für den die Zigaretten mit und gab sie – ich habe ja nicht geraucht – jemand anderem, und von dem bekam ich dann dafür wieder etwas zu essen.

Der Kiosk, wo ich einkaufen mußte, war in der Wehrmachtshalle. Dort lagerten die fertigen U-Boot-Kartuschen.

Eines schönen Tages lief ich wieder einmal durch diese Wehrmachtshalle und sah ein »Brennglas«. Man nutzte es wahrscheinlich dazu, die Kartuschen auf Fehler und Risse zu prüfen, aber das war mir zu diesem Zeitpunkt nicht klar. Mensch, dachte ich, das vergrößert ja toll.

Ich schraubte es ab und brannte damit auf dem Holzstapel, an dem ich aß – das hätte man ja später nachprüfen können – Buchstaben ein, wie das Jungens so machen.

Ja, und das muß jemand gesehen haben. Jedenfalls kam der Siebert, das war ein Mitarbeiter:

»Du, Otto, der Obermeister Kramer hat dich gesehen. Du hast da das Objektiv oder Brenn…« – Ich weiß nicht mehr, sagte er Brennglas oder Objektiv – »… da abgeschraubt.«

Ich hob in meiner momentanen Angst den Farbkessel an und schob das Ding drunter.

»Ich habe da gar nichts abgeschraubt.«

»Doch«, sagte er, »mach keinen Unsinn. Der Meister Schmäler hat dich gesehen, und auch der Kramer. Gib es her, dann schrauben die es wieder an, und die Sache ist erledigt.«

Ich sagte: »Ja, na klar. Ich wollte es ja auch nicht wegnehmen, ich wollt ja nur mal da – «

Ich gab ihm also das Glas. Sie schraubten es wieder an, und alles schien erledigt.

Es war vier Uhr. Ich hatte Feierabend und verließ das Werk. Da sagte der Portier zu mir, ich solle mal reinkommen und mich hinsetzen.

»Wozu?« fragte ich. »Was soll ich denn hier?«

»Na, warte mal.«

Ich wartete eine Weile.

Die Tür ging auf, und ein Polizist kam herein.

»Ist er das?«

»Ja«, sagte der Pförtner. »Das ist er.«

»Willst du nicht aufstehen!«

Ein, ein so ein Ton so! Ich wußte nicht, wie mir geschah. Er legte mir eine Longe an, eine Knebelkette, um den Arm, ging mit mir zur Straßenbahn und fuhr mit mir zu irgendeinem Polizeirevier. Peinlich war mir das, furchtbar!

Dort wurde alles aufgenommen mit diesem Glas, und ich wurde festgesetzt. Sie wollten mich in eine Zelle sperren.

»Sperren Sie mich nicht ein, lassen Sie doch die Tür auf!«

Sie ließen die Tür offen und gaben mir einen Eimer und einen Putzlappen.

»Du hast doch sowieso nichts zu tun, du kannst den Boden aufwischen.«

Als ich fertig war, war es bestimmt schon sechs oder sieben.

»Ich bin seit heute früh bei der Arbeit. Ich habe Hunger.«

Einer sagte:

»Ich hab noch Brot.«

Und der andere Polizist:

»Naja, ich hab noch Marmelade.«

Sie gaben mir also etwas, und ich aß.

Da wollten sie mich wieder in die Zelle sperren!

»Nein, da geh ich nicht rein«, sagte ich. »Laßt doch wenigstens die Tür auf!«

Ich war doch noch nie da drin gewesen. Da kriegt man doch Angst, nicht?

Sie ließen die Tür dann doch offen.

Am anderen Morgen wurde ich in die Dircksenstraße gebracht.

Ich kam in den Keller, zu den Männern. Lauter verwilderte Männer, mindestens dreißig, vierzig Männer. Kein Bett, kein Stuhl, kein Platz, nur ein kleiner Tisch und Kakerlakenschwärme. Da stehst du nun, reingeschubst, zu, fertig aus. Ich sagte zu mir:

.Um Gottes willen, wo bist du jetzt gelandet!

Toilette war auch keine da, nur ein Vorhang, hinter dem Bottiche standen und das – Uuuaaa …

Was sollte ich machen? Zum Schlafen war nichts da. Ich kroch unter den Tisch und zog – ich hatte ja noch meinen Mantel an, diesen über den Kopf. So schlief ich ein.

Den anderen Tag ging die Türe auf, und auf einmal hörte ich:

»Otto Rosenberg!«

»Hier!«

Ach, dachte ich, Gott sei Dank, du kommst wieder frei!

Das Ende vom Lied: Ich wurde auf Transport gebracht nach Moabit, Berlin 12 a, in Handschellen. Durch das Tor, ausgestiegen und rein. Erst einmal mußte ich warten, in einer Zelle. Und dann vortreten. Was ich anhatte, durfte ich behalten. Alles andere nahmen sie mir weg. Auch die Papiere. Als Junge besitzt man ja nicht viel – ein paar Hosenknöpfe oder ein paar Pfennige in der Tasche.

Dann ging es zum Hausvater, so nannte man den. Dort gab es kariertes Bettzeug, Keilkissenbezug, und so weiter. Dann rauf. Dann hörte ich schon:

»F 5, ein Zugang!«

Aber wie das schallte! Das muß man sich vorstellen! Wie alt mag ich wohl gewesen sein? Fünfzehn Jahre, sechzehn?

Ich wurde hinauf in die Zelle gebracht, in die Zelle 538. Rein, hinter mir die Tür zu. Ich dachte, die Welt bricht über mir ein. Eine Einzelzelle!

Nach ungefähr einer halben Stunde mußte ich wieder raus, zum Duschen.

Eine Maschine wurde in der Mitte des Kopfes angesetzt und mir eine Glatze geschert.

Nach dem Duschen bekam ich eine Gefängnishose und -jacke und einen Schal. Meinen Mantel und meine Schuhe durfte ich behalten.

Es war sauberer. Ich war froh, daß ich aus der Dircksenstraße herausgekommen war. Anfangs wußte ich ja gar nicht, wie das alles lief.

In dieser Zelle hab ich dann vier Monate verbracht in Einzelhaft, ohne Urteil, ohne irgend etwas.

Der Gefängnisschal mußte immer getragen werden, damit man uns besser würgen konnte. Man mußte den Schal auf eine bestimmte Weise um den Hals binden und dann das Ende durchziehen. Einmal packte mich der Oberwachtmeister, griff in den Zwischenraum zwischen Hals und Schal und würgte mich, bis ich keine Luft mehr bekam. Ich hatte nur jemanden gefragt, ob er Wurst bekommen hatte. Ich hatte keine bekommen. Die Kalfaktoren verschoben regelmäßig ein Teil des Essens.

Es herrschte in allem eine strenge Ordnung. Als der Wärter das erstemal die Tür aufmachte, stand ich natürlich mitten in der Zelle.

»Warum stehst du nicht unterm Fenster?! Aber sofort unters Fenster! Hände anlegen und die Zelle melden!«

Woher sollte ich das wissen? Wenn aufgeschlossen wurde, mußte man sofort hinter zum Fenster. Mir hatte davon niemand etwas gesagt. Ich fragte:

»Was soll ich denn melden?«

Er sagte es mir vor:

»Zelle 538, belegt mit einem Untersuchungshäftling. Keine Neuigkeiten.«

Meine junge Tante Camba besuchte mich und brachte mir Schuhe. Sie erzählte mir, daß der allergrößte Teil unserer Familie aus Marzahn abtransportiert worden war.[10]

Letztendlich kam ein Termin. Ich hatte noch einen Rechtsanwalt gestellt bekommen, aber der war auf seiten des Gerichts, nicht auf meiner Seite. Wahrscheinlich auch ein Nazi.

Ich wurde wegen Sabotage, ja, und Diebstahls von Wehrmachtseigentum, ja, zu drei Monaten und drei Wochen Jugendarrest verurteilt. Aber vier Monate hatte ich schon gesessen.

Ich kam dann raus, hatte also meine Strafe beendet. Ich war noch gar nicht ganz weg, da kam eine andere Polizei, kein Gefängnispersonal, und die verhaftete mich erneut.

»Verhaftet.«

Ich fragte:

»Warum? Ich komme doch eben gerade hier aus dem Gefängnis! Ich bin doch frei!«

»Kontrolle.«

So kam ich wieder in die Dircksenstraße zum Karsten, den ich vorhin erwähnte, ins Zigeunerdezernat. Bei dem saß ein Sinto, der mit seiner Familie in Marzahn in einem Wohnwagen lebte und Karsten alles zutrug. Und Karsten sagte:

»Vier Monate? Das ist ja eine ganz schöne Zeit.«

Und dieser Mann sagte, aber so zynisch:

»Na, wie war's denn? War's schön?«

Ich antwortete: »Ja, es war sehr schön.« Weiter wußte ich nichts zu sagen.

Da sagte der Karsten zu ihm:

»Ja, was machen wir jetzt mit dem?« Und zu mir:

»Was machen wir jetzt mit dir? Wo sollen wir dich jetzt hintun?«

»Zu meiner Tante«, sagte ich. Ich wußte ja, daß in Marzahn schon fast niemand mehr war. Und da sagte dieser Mann:

»Der geht dahin, wo sein Vater und seine Mutter sind.«

Ich wußte ja nicht, was das hieß. Also habe ich mich darüber gefreut.

Nach dem Krieg haben Sinti diesen Mann den Russen übergeben. Die Russen sagten:

»Schlagt ihn doch tot! Ihr könnt den totschlagen, euch passiert gar nichts.«

Aber das haben sie dann doch nicht gemacht. Eine Frau von uns hat ihm etwas um die Ohren gehauen. Das ist bei uns eine der größten Beleidigungen. Der Verräter kam dann nach Sibirien.

Ich kam zunächst wieder in ein Kellergewölbe. Dort sah ich drei Familien mit Kleinkindern. Ich war zufrieden, weil ich zuvor immer alleine gewesen war.

Später kam noch ein Mädchen rein. Die anderen flachsten:

»Bei uns kann sie nicht schlafen. Sie muß bei dir schlafen.«

Aber bei mir hat sie nicht geschlafen, sie schlief zu meinen Füßen. Ich lag so lang, sie so lang.

Aber es war auch unangenehm – keine rechten Toiletten und so weiter, das Unangenehmste, was man sich vorstellen kann. Wir warteten einige Wochen. Dann ging der Transport.

Dabei wurde ich von diesen Familien getrennt.

Ich weiß nicht mehr, wo der Zug abfuhr.

Ich zählte immer noch als Gefangener, als Verhafteter, und kam in einen besonderen Waggon. In diesem Waggon waren lauter Kinder, fein gekleidet, mit Stullentäschchen und Mappen. Sinti-Kinder, Roma-Kinder, ich weiß es nicht. Zum Teil sahen sie gar nicht aus wie Sinti oder Roma. Sie kamen aus Heimen, katholischen Heimen. Süße Gesichter. Jedenfalls waren sie alle so sechs, acht Jahre alt. Der ganze Waggon war voll.

Die Polizei nahm mich, steckte mich in eine Zelle vorne am Eingang und schloß mich dort ein. Da war so ein Sitz drin, da saß ich dann da.

Die Polizei zog ab, und dann hat das Militär den Transport übernommen, glaube ich. Der Posten saß stur mit seinem Karabiner da und ließ niemanden an mich ran.

Als wir eine Weile gefahren waren, begannen die Kinder die Rotkreuz-Schwester, die sie begleitete, zu fragen, warum ich eingesperrt sei. Da sagte sie zu dem Posten:

»Warum lassen Sie denn den Jungen nicht raus? Der kann doch nirgends hin! Wo soll der jetzt hin?«

Er ließ mich raus, und ich setzte mich zu den Kindern. Sie hatten alle gefüllte Stullenbüchsen und Stullentaschen.

»Ich habe Hunger, ich habe nichts gegessen.«

Da gaben sie mir dann von ihrer Mahlzeit noch etwas ab.

So kam ich kurz vor meinem sechzehnten Geburtstag mit dem Zug in Auschwitz an.

Aber Vater und Mutter habe ich dort nicht getroffen.

V.

In Groß-Auschwitz, im vorderen ersten großen Auschwitz, fand die Aufnahme statt. Der Zug war aus mehreren Transporten zusammengekoppelt, und da wurde gleich sortiert. Die Juden dahin, die Sinti dahin, die Polen dahin usw. Alles war eingeteilt. Man wurde einem Arzt vorgestellt. Der gab ein Signal, meist mit einer Klingel, und machte eine Bewegung. Da lang, da lang, da lang. Er hatte eine große Liste.

Das ging automatisch. Auf einmal waren die Kinder weg, und ich wurde zu mehreren jungen Leuten gesellt, etwa in meinem Alter.

Man mußte den Arm aufkrempeln, und ein Pole – er hieß Bogdan – tätowierte uns mit einer Art Füllfederhalter eine Nummer auf den Arm.

Z 6084 war meine Nummer.[11]

Ich sollte zunächst im Stammlager bleiben, in einer Maurerschule. Ich kannte einige von den Jungs, die da arbeiteten, aus Marzahn. Wir karrten Sand, lernten, Speis einzurühren und die Kelle zu führen, wie man sich die Steine zurechtlegt, wie man den Eimer stellt, damit das ein Bild gibt, einige Handgriffe. Seither kann ich mauern. Ich habe das nachvollzogen.[12]

Aber dann entschied man sich anders. Ich weiß nicht, wie es kam. Jedenfalls hieß es nach einem Monat, es kann aber auch schon nach einigen Tagen gewesen sein:

»Alles antreten! Du, du, du, du, du.«

Und dann wurde ich mit einigen andern nach Birkenau hinübergeschleust, in das Zigeunerlager Birkenau, so nannten sie das.[13]

Wir marschierten zu mehreren, immer hintereinander, liefen, stellten uns an.

Dann hieß es gleich:

»Hier ran! Da ran! Du dahin! Du dahin!«

Man wurde weitergeschoben und auf einen Block aufgeteilt. Ich kam zunächst auf Block drei. Ein Block war eine Baracke, alles umgebaute Pferdeställe.[14] Aber man sagte nicht Baracke, sondern Block.

Die dreiundzwanzig oder sechsundzwanzig Blocks standen in zwei Reihen. Ein Block war ungefähr zehn Meter lang, vielleicht auch etwas länger, und vier bis fünf Meter breit. Das ganze sogenannte Zigeunerlager war vielleicht einhundert Meter breit und einhundertfünfzig Meter lang.

In den Blocks waren Bretterboxen, also Holzbetten kann man sagen, immer drei übereinander. In jeder Box wohnten eine Familie oder mehrere Leute. Die Betten, das waren Papierstrohsäcke, in die man Holzwolle gestopft hatte. Die langhaarigen Decken, mit denen wir uns zudeckten, hatten die jüdischen Leidensgenossen mitgebracht. In der Mitte war ein großer Ofen, der erst gemauert wurde, als ich schon da war. Er wurde von zwei Seiten beheizt. Aber warm wurde es im Winter nie in diesen Holzbaracken.

Ich mußte mich beim Blockältesten melden. Und später, während der Freistunde – vorher durfte keiner aus der Baracke raus, da war Blocksperre –, fragte ich herum, wer von unseren Leuten denn noch da war. Ich konnte dabei noch nichts in Erfahrung bringen, aber dann, ein paar Tage später, erfuhr ich, daß meine Oma da war, daß meine Schwester Therese da war, daß meine Cousins und Cousinen, meine Tanten und Onkels und daß auch meine Geschwister aus der zweiten Ehe meiner Mutter da waren.[15]

Meine Onkels waren alle beim Militär gewesen. Bei der Kavallerie, bei der Marine, bei der Infanterie. Ein Cousin war bei der Luftwaffe.

Einer hatte in Finnland bei den Gebirgsjägern gekämpft. Er hatte auf Urlaub meine Großmutter in Marzahn besuchen wollen.

Auf der Polizeiwache sagte man ihm:

»Ihre Mutter ist im Konzertlager. Die haben ein Stück Land bekommen, und da können sie sich Häuser bauen und Tiere halten.«

Da hatte mein Onkel gesagt:

»Für so ein Land will ich nicht kämpfen.«

Da nahmen sie ihm die Waffe ab, und vierzehn Tage später war er in Auschwitz.[16]

In Block drei war der Blockälteste ein Reichsdeutscher. Erich. Bei dem war ich eine ganze Weile, der war in Ordnung.

In dieser Zeit habe ich meine Oma gesucht und sie auch gefunden.

»Ach, mein Junge!«

Ich strebte an, in ihren Block zu kommen, und habe es auch schnellstens geschafft, mit Glück und durch Hilfe.

Mein Onkel Florian, der ehemalige Hucker, war dort Blockschreiber. Er schrieb auf, wer alles im Block war, was es an Verpflegung gab usw.

Gearbeitet habe ich dann unter dem Blockältesten Hans Koch, einem Kölner, den ich übrigens nach dem Krieg hier in Berlin in der S-Bahn, an der Haltestelle Sonnenallee, wiedertraf.

»Du bist doch der Hans Koch!«

»Nein nein nein nein. Ich heiße Hans Walter Kaiser!«

Aber ich hatte ihn erkannt. Er riß aus, lief durch die Sperre, und weg war er.

Er hatte mich verprügelt im KZ. Ich war zufrieden, daß ich frei war. Ich hätte ihm gar nichts getan.

Ein Bekannter aus Marzahn, Günter, ein Hamburger – er ist inzwischen auch schon tot –, und ich hatten bei ihm gearbeitet. Wir räumten alles auf und brachten den Laden immer wieder in Schwung. Die SS hatte so etwas wie ein Zimmer in seinem Block und holte sich abends immer Frauen rein, und der Blockälteste machte mit. Sie schmissen alles durcheinander und soffen, und wir mußten immer den Dreck und den Mist wegräumen. Da gab es natürlich auch unangenehme Sachen, Sauereien, wegzuräumen. Das verbot aber mein Gesetz. Und da sagte ich:

»Das mache ich nicht. Nein, ich mache das nicht!«

Daraufhin hat er einen Knüppel genommen und hat mich verdroschen und rausgeschmissen und angezeigt wegen Arbeitsverweigerung.

Ich wußte nicht, daß eine solche Äußerung so schwere Folgen für mich haben konnte. Ich war ja neu in Auschwitz und wußte auch nicht, daß ein Blockältester, der einen Budenfax machte, so viel Macht hatte. Aber ich sollte es erfahren.

Die Blockältesten waren meistenteils Reichsdeutsche und fast immer Berufsverbrecher aus Gefängnissen und Zuchthäusern. Sie waren sozusagen die Vertrauensleute der SS.

Zuerst kam der Lagerälteste, dann sein Stellvertreter, dazu gehörten dann die Schreiber in der Schreibstube.

Dann kam der Blockälteste, dann der Blockschreiber, dann der Stubendienst und die Torwache. Das waren alles Häftlinge.

Natürlich waren sie alle der SS unterstellt, dem Lagerführer und seinem Stellvertreter. Der Blockälteste war dem Blockführer unterstellt, der ein SS-Mann war.

Wenn im Block jemand Mist baute, mußten auch die Blockältesten herhalten. Zum Beispiel mußten sie zu zweit robben, und ein Blockführer oder ein anderer SS-Mann stellte sich mit je einem Fuß auf ihre Rücken, und wenn es nicht schnell genug ging, dann gab es mit der Peitsche. Dann mußten sie aufstehen und rennen.

»Aufstehen! Marsch, marsch!«

»Hinlegen!«

Kniebeugen machen, hüpfen. Klar, daß sie wütend wurden und, wenn sie dann wieder in ihren Block kamen, kräftig draufschlugen.

Sie sagten:

»Wenn dieser Block noch einmal auffällt, dann schlage ich den ganzen Block durch!«

Die Leute zitterten. Manchmal war ein Blockältester einfach schlechtgelaunt. Dann reichte es, daß man an ihm vorbeiging.

»Ach, du auch noch! Komm mal her!«

Auf der anderen Seite möchte ich sagen, daß die Lagerältesten, aber auch die Blockältesten ein besseres Leben hatten als draußen. Sie konnten sich alles holen, ob das Sekt war oder Wein oder Frauen.

Alles war durchorganisiert. Beim Arbeitseinsatz kam zuerst der Oberkapo, dann der Kapo, dann der Unterkapo und dann die Vorarbeiter – alles Häftlinge, die aufpaßten, daß gearbeitet wurde.

Jeder hatte eine bestimmte Verantwortung, aber jeder hatte auch einen Posten, den er minder oder mehr auswerten und verschieden ausüben konnte. Er konnte die

Leute schlagen, aber auch sehr gut mit ihnen umgehen. Das war dem einzelnen überlassen.

Einige waren launisch. Sie behandelten die Leute, wie sie gerade lustig waren. Wenn es zum Beispiel beim Zählappell nicht so klappte, wie sie es sich vorstellten, dann mußte der ganze Block raus. Sie ließen uns mehrere Stunden stehen, Männer, Frauen und auch die Kinder. Diese Appellstunden waren für uns immer sehr schlimm.

Ich hatte dieses Lager, diese Lagerordnung und was ein Blockältester zu sagen hatte, noch gar nicht ganz begriffen. Er war unvorstellbar mächtig, quasi Herr über Tod und Leben.

Ich wurde wegen angeblicher Arbeitsverweigerung bestraft, ich glaube, ich bekam eine Jacke und einen roten Punkt auf den Rücken, und mußte aus dem Zigeunerlager ausmarschieren und ins Judenlager.[17]

Das Judenlager war ein Straflager, ein reines Männerlager. Dort mußte man alles im Laufschritt machen. Man durfte keine Minute stehen.

»Tempo! Tempo! Tempo!«

Wenn Sie gesehen wurden und Sie standen, bekamen Sie sofort Schläge. Man mußte sich immer bewegen.

»Im Laufschritt! Marsch, marsch!«

Nun war ich jung. Aber ältere Männer, die nicht mehr konnten, die lebten auch nicht lange.

Im Zigeunerlager wurde auch durchgegriffen, aber im Straflager war alles noch schlimmer.

Wenn es dort hieß:

»Raustreten!«,

rannte jeder um sein Leben.

Wenn jemand etwas später kam, bekam er schon am Morgen seine Abreibung. Einige bekamen immer Schläge, weil sie auffielen durch ihre schlappe Arbeit. Vielleicht waren sie auch krank, aber danach fragte keiner.

»Fauler Hund. Wir werden dir das schon beibringen.«

Wir trugen Sand und Steine von da nach da und von da nach dort, nur mit der Schippe, weil keine Trage da war, immer im Dreieck. Zum Teil war das völlig sinnlose Arbeit. Wir luden aber auch Waggons aus, Zement und Steine. Jedem wurde ein Sack Zement auf den Buckel gepackt, und wenn man nicht schnell genug weg war, wurde einem noch einer aufgepackt. Das waren dann zwei Zentner. Meine Beine wären beinahe abgebrochen.

Wir haben auch ehemalige Pferdeställe in Baracken umgebaut. Der Boden wurde ausgehoben. Wir trugen Sand rein in Putzkästen. Die waren sowieso schon schwer. Über den Sand kam Kies, dann Bretter, dann Lehm. Wir bauten auch die Boxen.

Das Judenlager lag direkt neben dem Zigeunerlager. Eines Tages ging ich an den Elektrozaun und sah drüben meine Oma. Da rief sie:

»Komm gegen Abend an den Zaun!«

Ich kam, und sie warf mir ein eingepacktes Brot herüber. Ich dachte, das Brot wäre von meinem Onkel Florian, dem Blockschreiber. Aber es war ihr Brot. Das erfuhr ich erst, als ich wieder bei ihr war. Ich habe mich mit ihm deshalb auch noch gezankt:

»Du kannst doch Stullen abzweigen! Läßt da die Mami Brot rüberschmeißen!«

Einmal sollte mein Onkel, vom Blockältesten beauftragt, auch ein Riesen-Brotpaket machen und es für jemand anderen über den Zaun werfen. Der Betreffende erschien nicht am Zaun. Statt seiner war ich da. Also hat mein Onkel es mir zugeworfen, und ich nahm es an mich. Das war ein Festschmaus.

Als mir meine Großmutter wieder einmal etwas über den Zaun warf, sah mich dabei ein Blockführer. Sie hielt sich nur die Augen zu und lief weg. Er schlug mich, aber nicht auf den Hintern oder aufs Kreuz, sondern immerzu dazwischen. Bei jedem Schlag fiel ich hin.

»Aufstehen!«

Immer weiter. Er schlug mich zusammen. Man durfte sich doch nicht durch den Drahtzaun unterhalten. Aber ich hatte mir eben gedacht: Brot ist Leben.

Ich wurde krank. Mir wurde schlecht, und ich fiel um. Einige Sinti, die mich kannten, brachten mich mit dem Sanitäter in den Krankenbau. Die einen sagten, das sei Typhus, die andern Fleckfieber, die andern Malaria. Was es wirklich war, kann ich auch heute mit Bestimmtheit noch nicht sagen.

Der Blockälteste dort hieß Rosin, Ernst, das weiß ich noch genau. Auch ein sympathischer Mann.

Es können überall die größten Teufel sein, aber ein oder zwei Menschen sind immer drunter, die gut sind.

Die Krankenbaracken im Judenlager waren nicht aus Holz. Es waren kleine, niedrige Steinhäuser. Aber mit den gleichen Holzboxen.

Die Sinne schwanden mir, ich bekam keine Luft und schwitzte. Die meiste Zeit dämmerte ich vor mich hin. Mein Mund war vom Fieber ganz aufgesprungen. Manchmal kam jemand durch und gab mir einen Löffel weiße Paste.

»Gut, schlaf weiter.«

Entweder wurde man gesund oder nicht. Danach hat kein Hahn gekräht. Neben mir in der Box lag ein Holländer oder Belgier, der Pakete bekam. Der dritte Mann war schon raus, der war schon tot. Wir waren zu zweit. Nun sagte mein Nebenmann dauernd:

»Wasser, Wasser, Wasser.«

Ich wußte, daß er ein Paket hatte, aber er gab mir nichts ab. Ich sagte:

»Ich hol dir Wasser, aber dann mußt du mir etwas geben.«

Man durfte nur Tee trinken. Wasser trinken war verbo-

Der Bruder Waldemar,
Otto R., der Bruder Max,
die Mutter Luise Herzberg
und die Schwester Therese.

I

Hermann Herzberg, der Vater.

Oskar (rechts) und Bodo R.,
die Cousins.

Otto R. mit seiner Schwester
Therese (links neben ihm).

Berlin Marzahn, 1936

Berlin Marzahn, 1936

Berlin Marzahn, 1936

V

Die Großmutter Charlotte R.
mit Geschwistern.
Marzahn, nach 1937.

Der Onkel Albert R. (mit Kappe),
die Tante Camba (links), in der Mitte,
im weißen Kleid, die Schwester Therese.
Marzahn, nach 1937.

Die Schwester Therese R.
und die Tante Camba Franzen.

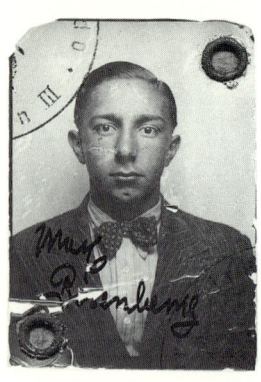

Max R., der Bruder.
Foto aus seinem Wehrpaß,
ausgestellt am 6. August 1940
in Berlin Rummelsburg.

Max R., 1940.

ten. Wer Wasser holte und trank und dabei erwischt wurde, wurde totgeschlagen, weil das Wasser mit Typhus verseucht war. Es sollte verhindert werden, daß der Typhus um sich griff.«

Ich hatte eine rote Tasse, die ließ sich anbinden. Und mit dieser Tasse unter meinem Sträflingsmantel bewegte ich mich nun langsam aus der Box, hin zum Waschraum. Das Wasser wurde immer abgestellt, aber ich wußte welches zu holen. Man mußte den Wasserhahn aufdrehen und daran saugen und, sowie man das Wasser spürte, das Rohr mit der Zunge blockieren. Dann hielt ich die Tasse darunter. Es kam jedesmal etwas Wasser nach. Was ich angesaugt und im Mund hatte, spuckte ich ebenfalls in die Tasse. Als sie halbvoll war, bewegte ich mich wieder langsam zu meiner Box hin, kletterte hoch, stellte die Tasse ab und schüttelte meinen Nachbarn:

»Du, ich hab dir Wasser gebracht!«

Da war der tot. Da war der wirklich tot! Ach, dachte ich, mein Gott! Aber sofort kam mir der Gedanke: Jetzt kannst du auch sein Paket nehmen.

Ich mußte aber aufpassen, daß der Stubendienst, der manchmal geguckt hat, nichts bemerkte. Ich zog das Paket vorsichtig unter der Leiche hervor und holte mir nach und nach heraus, was ich brauchte, bis die Lebensmittel darin fast zu Ende waren. Den Rest tat ich mir unters Kissen. Das Paket aber ließ ich, wie es war. Dann erst rief ich den Stubendienst. Den Stubendienst versahen damals Polen.

»Stubowi! Stubowi! Hier ist einer tot!«

»Schmeiß raus!« sagte er.

Ja nun, »schmeiß raus«! Das ging gar nicht, ich konnte ja den Toten nicht heben! Da habe ich das mit den Füßen gemacht, ihn immer ein Stück weiter nach vorne geschoben, bis er ganz vorne am Rand war, und dann habe ich ihn geschubst. Er fiel raus, auf den Boden. Sie haben ihn an den Beinen genommen und weggezogen – babababa, der Kopf schlug ja dann immer so auf.

Das Paket gab mir wieder die nötige Kraft und Aufschwung. Nach etwa einer Woche war mir besser. Ich konnte den Krankenbau verlassen und arbeitete außerhalb des Lagers.

Morgens wurde man durch ein Eisen geweckt, das draußen vor dem Block hing. Es klang wie ein Triangel.

Wir marschierten aus und machten Planierungen. Da war kein Draht mehr, da waren nur noch Posten. Wir räumten altes Zeug weg, Pappe und so, und haben alles mögliche verbrannt.

Bei dieser Arbeit kam ein Junge zu nah an die Postenkette und wurde erschossen. Wir haben ihn nachher auf einer Tür hereingetragen. Es hieß, er wollte Flucht begehen, aber er wollte nur Sauerampfer, diese schmalen Blätter, pflücken.

Ich habe sie auch gegessen. Wenn man mehrere Blätter hatte, rollte man sie zusammen und schob sie sich in die Backe, um irgendeinen Geschmack zu haben.

Der Junge hatte sich ein Stück weit an die Postenkette herangewagt, und da hat ihn dieser Vagabund erschossen.

Ja, so ging das.

Nach einiger Zeit faßte ich einen Entschluß. Ich meldete mich.

»Z 6084 möchte zur Schreibstube!«

Und wen traf ich dort? Lagerführer Schwarzhuber.[18] Ein drahtiger, schlanker Mann.

»Z 6084 meldet sich zur Stelle! Möchte eine Bitte vortragen!«

Ich erzählte ihm, daß ich aus Berlin komme, und daß meine Oma drüben im Zigeunerlager war und ich doch gerne dort hinüber wollte.

»Doitsch?« sagte er. »Du sprichst so gut doitsch!«

»Ja, ich bin aus Berlin.«

Aber immer mit Angst. Er guckte mich an und fragte noch einiges. Ich habe ihm auch alles beantwortet.

»Nu«, sagte er, »wenn das nicht stimmt, dann sprechen wir uns noch.«

»Jawoll!«

Man hatte zum Sträflingsanzug eine Kappe auf, und immer, wenn ein SS-Mann vorbeiging, egal wer das war, mußte man sofort die Mütze vom Kopf reißen, die Hände anlegen und marschieren und die Augen auf ihn ausrichten und dann die Nummer ansagen und melden, wenn irgendetwas war. Wenn nichts war, mußte man so an ihm vorbeimarschieren. Und er guckte auf die Nummer. Wenn er sich die notierte, dann war man fällig.

So stand ich also vor Schwarzhuber. Und er meinte, wenn wahr wäre, was ich gesagt hatte, käme ich rüber.

Nun habe ich aber so große Hoffnungen dem gar nicht beigemessen. Und auf einmal, morgens, wurde meine Nummer aufgerufen:

»Z 6084 zur Schreibstube!«

Ich dachte:

»So, jetzt hast du dein Leben verwirkt.«

»Ist genehmigt, kann rüber.«

Nicht mehr. Schwarzhuber selbst war gar nicht anwesend.

»Genehmigt, kann rüber.«

Wir waren mehrere.

»Achtung! Im Gleichschritt!«

Wie die Soldaten. Ach, war ich froh! Die Erleichterung! So bin ich wieder zu meiner Oma gekommen. Ich dachte mir:

»Da bekommst du einen Schlag Essen mehr, da kann man organisieren.«

VI.

Ich wurde dann im Block meiner Großmutter Torwache. Bevor mich der Blockälteste Wally anstellte, schlug er mich fünfmal mit einem Schlagstock und sagte:

»Davon kriegst du noch mehr, wenn du hier jemanden rausläßt ohne meine Genehmigung. Bei absoluter Blocksperre darf niemand raus.«

Wer nicht arbeitete, mußte den ganzen Tag in seinem Block bleiben. Dazu gehörten auch die Älteren, die ihrer Kinder wegen nicht arbeiteten. Für sie gab es eine Freistunde. In der Freistunde konnte man eine Weile auf der Lagerstraße spazierengehen oder schnell mal irgendwo hinhuschen, den oder den besuchen.

In dieser einen Stunde mußte man auch die Toilette benutzen, eine Baracke, in deren Mitte versetzte Betonlöcher waren. Man hat sich gegenüber, nebeneinander ... Die meisten waren krank. Das war so furchtbar. Frauen zogen ein Tuch ins Gesicht, aber es war furchtbar. Hier wurde eines der größten Tabus gebrochen. Es war kein normales Austreten, sondern eine Qual und Beleidigung unserer Menschen.

Man hat uns alle Haare abgeschoren, auch unter den Armen, und auch die Schamhaare. Dieselben Scheren wurden auch benutzt, um den Kopf zu scheren, den Bart.

Das sind Dinge, die auch heute, wenn man darüber spricht, noch sehr weh tun.

Wenn ich später, als ich in der Sauna arbeitete, meine Großmutter sah, wie sie den Kleinen so vor sich hielt, dann drehte ich mich weg. Ich wußte ja, daß ihr das peinlich war, vor ihrem Enkelsohn. Frauen mit ihren großen Söhnen und Männer, nackt vor ihren Töchtern – eine größere Pein kann es nicht geben.

Ein Gong beendete die Freistunde, und alle mußten wieder im Block sein. Wer nicht drin war, wer verspätet kam oder von den Blockführern auf der Lagerstraße angetroffen wurde, wurde schwer bestraft.

»Wo kommst du her? Was für ein Block?«

Einige wurden sofort erschossen, andere wurden in ihren Block gebracht und dort über den Ofen gelegt und mit dem Stock oder der Peitsche geschlagen.

Mit der Torwache ging es ganz gut, bis eines Tages eine Frau ankam mit ihrem Kind. Sie wollte unbedingt mit ihm zur Toilette.

Ich sagte:

»Ich darf niemanden rauslassen.«

Ihr Mann kam dazu und machte Theater. Ich weiß nicht, ich bin ein Mensch, wenn mir jemand gut zuspricht, auch wenn ich weiß, was mir dann blüht. Schließlich sagte ich:

»Na, ist gut. Aber macht das bitte ganz vorsichtig! Paßt auf, daß ihr nicht erwischt werdet. Und wenn man euch erwischt, sagt bloß nicht, ich hätte euch rausgelassen!«

Und was passiert? Sie wurden erwischt.

»Wo seid ihr rausgekommen?«

Daraufhin kamen sie zu mir, der SS-Mann und der Blockälteste. Sie gaben mir mindestens zwanzig oder fünfundzwanzig Stockhiebe dafür.

Ich mußte mitzählen und konnte nicht mehr. Sie schlugen mich zwischen Becken und Rücken. Ich konnte hinterher weder liegen noch sitzen noch stehen. Das kann man gar nicht beschreiben.

Ich blieb Torwache, habe aber niemanden mehr rausgelassen.

Das Schönste war, daß ich dann noch Ärger mit dem Mann dieser Frau bekam.

Sie hatte auch Schläge bekommen, von der Blockältesten. Ich glaube, das Kind auch, aber ich will nichts Falsches sagen.

»Ihr seid doch schuld, ihr habt doch gesagt, daß ich euch rausgelassen habe!«

Da nahm der Mann ein Hakenmesser und bedrohte mich. Mein Cousin Oskar ging mit dem Knüppel dazwischen und hat ihn verdroschen. In diesem Moment kam der Blockälteste Wally dazu.

»Was ist los, Oskar?«

Oskar antwortete. Und da bekam dieser Mann noch einmal vom Blockältesten solche Schläge, daß er mich von da an in Ruhe ließ.

Oskar hatte in unserem Block eine gewisse Aufsicht. Er war nicht sehr gut zu den Leuten. Sehr streng. Wenn er über den Ofen lief und sich einer irgendwie falsch bewegt hat, hat derjenige sofort Schläge bekommen. Wenn Oskar Auschwitz überlebt hätte, hätte er bestimmte Leute getroffen, die ihn umgelegt hätten. Ich habe es ihm nicht gewünscht. Er war schließlich mein Cousin.

Ich habe Auschwitz überlebt und kann zu jedem hingehen. Ich tat niemandem weh. Ich war zufrieden, daß mir keiner was tat.

Natürlich hatte auch ich einen Knüppel. Wenn ein paar Leute über der Essenstonne hingen und den Kopf hineinsteckten, um sich die Reste rauszuholen, ist es schon vorgekommen, daß ich ihn schwang.

»Wollt ihr wohl!«

Dann sind sie abgegangen, und ich nahm meine Tasse. Ich mußte dann aber auch sehen, daß ich Land gewann, denn sie kamen zurück. Heute lache ich darüber, aber damals war es bitterer Ernst.

Leute, die in der Küche arbeiteten, organisierten ein paar Kartoffeln in einem Topf. Wenn der Blockälteste nicht da war, nahm ich die Klappe vom Ofen – die Öfen waren lang und durchgehend und hatten zwei Schornsteine –, schob den Topf hinein und schloß die Klappe wieder. Hätte der Blockälteste mich erwischt, er hätte mich gehenkt. Wenn die Kartoffeln gekocht waren, bekam ich etwas davon ab. Das war mein Geschäft in meiner Zeit als Torwache. Das half über die Runden.

Wer ganz unten war und niemanden hatte, der ihm ein bißchen half, der ging ein, unwiderruflich. Wer geschlagen wurde, war schon gezeichnet. Wer ausgemergelt war, wem der Tod aus den Augen sah, rief bei denen, die er bediente, eine solche Aggression hervor, daß er immer noch mehr geprügelt wurde, bis er dann eines Tages tot war. So einer hatte keine Chance. Chancen hatte nur, wer nicht krank wurde, wer zum Arbeitseinsatz taugte. Es hieß ja: »Arbeit macht frei!« Und dann: »Vernichtung durch Arbeit«. Und das war wirklich so. Man hat die Leute so lange sich ausarbeiten lassen, bis sie keine Kraft mehr hatten.

Das Essen war sehr schlecht. Morgens bekamen wir vom Stubendienst Tee aus einem Kessel und ein Viertel Brot. Aber dabei wurden wir auch betrogen. Das Brot wurde geviertelt, und dabei wurde in der Mitte eine dicke Scheibe herausgeschnitten, die wurde dann als Kinderbrot verteilt.

Es gab kaum ein richtiges Mittagessen, nur mit Brennnesseln und Kohlstückchen drin, eine einzige Plörre. Daraus ließ sich keine Kraft schöpfen.

Ich glaube, ich habe die Arbeit als Torwache später verloren, weil wir in einen anderen Block verlegt wurden.

Jedenfalls arbeitete ich dann bei einem Polen. Er war ein großer Mann, hieß Jurek und war jeden Tag total besoffen. Wie er das gemacht hat, weiß ich nicht. Er hatte immer Zigaretten und zu saufen und bekam von der Küche Essen. Soviel Essen, Fleisch! Als er weg war, nahm ich den Deckel ab und …

Einmal kam ihm das Essen zuwenig vor. Da verdrosch er mich und schmiß mich raus. Aber ich konnte mich nicht zurückhalten. Ich nahm die Schläge in Kauf, dafür war ich satt.

Ich wurde wieder krank. Ich bekam die Krätze, vom Gesicht bis zu den Füßen. Ich konnte nicht mehr arbeiten. Ich brachte die Finger nicht mehr zusammen. Pickel, Eiter. Furchtbar. Man hat mich mit Mitigal behandelt, einer weißen, milchigen Flüssigkeit. Sehen Sie, das war auch so was Schlimmes, und trotzdem ist es auch vorübergegangen.

Wissen Sie, was mich eigentlich immer so nachdenklich macht: Warum habe ich überlebt? Ich kann mir selbst die Antwort darauf nicht geben. Die ganze Familie, alle meine Geschwister, alles, was einem lieb und teuer war, kein Mensch hat die Möglichkeit gehabt zu überleben. Obwohl doch meine Brüder viel stärker und kräftiger waren als ich. Ich war doch der Kleinste! Ich kann das nicht begreifen. Man sagt: Jetzt hast du die Freiheit, freu dich darüber. Ich habe mich keineswegs so riesig freuen können, denn meine Geschwister fehlten mir, immer, bis heute. Wenn dann die Feiertage waren, und die Leute haben gefeiert, oder die Familien saßen zusammen, dann kam das Innerliche und das Nervliche. Das war sehr schwer.

Ich hatte beim Blockältesten Hans Koch eine Frau kennengelernt, Sonja. Sie lebt noch. Ihr Sohn hat mich schon ein- oder zweimal besucht. Wir haben Karten miteinander gespielt.

Sie war bei Koch Schreiberin gewesen, Blockschreiberin. Wir haben uns gut verstanden. Ich habe ihr nichts Böses zugefügt, und sie mir auch nicht.

»Was machst du denn, Piepel?« fragte sie mich.

Alle nannten mich so, weil ich noch so klein war.

»Ich mach gar nichts. Du weißt doch, der Koch hat

mich rausgeschmissen, hat mich verprügelt, ich bin in die
Strafkompanie gekommen, bin aber Gott sei Dank durch
den Lagerführer wieder hier. Und jetzt bin ich schon wieder rausgeschmissen worden.«

»Ach, weißt du was? Ich frage mal beim Kapo Felix an.
Vielleicht kann er dich brauchen.«

Kapo Felix war nämlich mit ihrer Schwester zusammen,
die machte die Schreibarbeiten für ihn.

Sie fragte tatsächlich an – und – »Jawoll!« – da bekam
ich dort die Stelle als Läufer für die Sauna.

Es handelte sich dabei um eine Baracke auf dem Gelände des Zigeunerlagers mit Desinfektionsanstalt, Badeanstalt und Sauna.[19] Die Sauna war nicht dazu da, um
schlank zu werden – schlank genug waren wir alle –, sondern um sich zu säubern. Es waren Duschen vorhanden,
richtige, ohne Gas, und da habe ich mich gut bewährt. Ich
konnte mich wieder stabilisieren.

Bei Kapo Felix war alles geordnet. Ich stand morgens
auf, verließ meinen Block, ging zu meiner Arbeit, und
wenn das zu Ende war, kehrte ich in meinen Block zurück.
Für diesen Kapo Felix arbeitete ich bis Juli 1944, bis zu
meiner Verlegung nach Buchenwald.

Leider weiß ich nicht, was aus ihm geworden ist. Er war
ein kräftiger, gedrungener Mann, aber ich habe nie gesehen, daß er jemanden geschlagen oder beschimpft hat.
Ich glaube, er war politischer Häftling.[20] Jedenfalls ein
Reichsdeutscher.

Ich brachte Rapporte weg und habe auch eingeholt für
ihn – Mittagessen, Kaffee oder Tee. Dadurch hatte ich
eine kleine Möglichkeit, meine Geschwister zu unterstützen, die drei Brüder und zwei Schwestern aus der zweiten
Ehe meiner Mutter.

Beim Essenholen kam ich nämlich immer am Block
meiner Geschwister vorbei. Man hatte ja keine Zeit für
den anderen. Meine Person war nur immer im Arbeits-

einsatz, und nach der Arbeit war es nicht möglich, da oder dort hinzugehen.

Schließlich dachte ich mir:

»Ach, versuchst du es doch!«

Ich ging mit der Kanne, mit der ich für den Kapo Essen holte, zu meinen Geschwistern in den Block, schüttete ihnen Essen in ihre Schüsseln und ging dann ein zweites Mal zur Küche.

»Der Kapo möchte noch mal haben.«

Da gaben die mir einfach, ohne weiter nachzufragen, eine zweite Portion. Und nachdem das einmal geklappt hatte, machte ich das zwischendurch immer wieder.

Aber das war alles nur ein Tropfen auf den heißen Stein. Meine Geschwister waren zum Tode verurteilt, da war nichts zu machen. Jedesmal, wenn ich reinkam, wenn sie mich sahen, das Gejammer! Am liebsten wären sie mit mir raus. Aber das ging doch nicht! Man konnte niemandem direkt helfen, immer nur indirekt.

Wenn ich von meinen Geschwistern spreche, dann meine ich damit meine älteste Schwester, eine Tochter meines Vaters aus erster Ehe, meine Schwester Therese, die mit mir bei meiner Oma aufgewachsen ist, und die fünf Kinder, die meine Mutter mit ihrem zweiten Mann hatte, von denen der älteste, der Harry, um die zehn Jahre alt war.

Die Kinder wurden auch tätowiert, auf dem Oberschenkel.

Meine älteste Schwester Drosla, also meine Halbschwester, die bei meinem Vater geblieben war, als ich nach Berlin kam, habe ich in Birkenau überhaupt zum erstenmal bewußt gesehen. Ich glaube, sie hieß Dembrowski. Sie hatte geheiratet und mehrere Kinder.[21]

Wir stießen ganz zufällig darauf, daß wir Geschwister waren, im Gespräch mit anderen Leuten. Ich nannte meine Eltern, und sie kam auf mich zu und umarmte mich.

66

»Spatzo, du bist ja mein Bruder!«

Sie ist in Auschwitz geblieben, mit ihrem Mann und allen ihren Kindern. Es kam nicht einer davon.

Ich war natürlich froh, sie getroffen zu haben, aber im Grunde konnte ich auch ihr nicht helfen. Wir waren in tiefer Not, und jeder hatte seine Pflicht, die er unbedingt einhalten mußte. Wir haben uns aber ab und zu gesehen und über meinen Vater gesprochen.

Ich weiß nicht, wie es möglich war, daß ich Auschwitz überstanden habe. Das leuchtet mir bis heute nicht ein. Ich hatte auch Glück. Über mich wurde wahrscheinlich eine schützende Hand gehalten.

Die Politik der Lagerleitung ging dahin, die Familien auseinanderzureißen, zu entzweien. Am Ende gab es nur noch das an sich selbst, nicht mehr an andere Denken. Da kam es dann vor, daß der Vater das Brot für das Kind aufaß.

In einem KZ, das nicht ein Familienlager ist, achtet jeder darauf, daß er das, was er kriegt, auch behält, weil er weiß, das ist seine Überlebenschance. Ein Stück Brot ist im KZ mehr wert als ein Tausendmarkschein. Den können Sie ja nicht essen. Ein Stück Brot oder eine Kartoffel. Man ist dort auf jedes bißchen, was man Ihnen bietet, angewiesen, und man muß auch Mut beweisen. Wenn Sie sehen, Sie haben eine Chance, etwas zu ergattern, dann müssen Sie dazu allen Mut aufbringen. Ich bekam mehrere Male Schläge. Damit mußte ich rechnen, wenn ich zur Küche ging und dort dies oder jenes holte, zum Beispiel Kartoffelschalen oder, später in Ellrich, Essen, das die Wehrmacht wegschüttete. Ich nahm es und tat es in meine Mütze und rannte. Wenn ich erwischt wurde, wurde meine Nummer aufgeschrieben. Entweder bekam ich gleich Dresche, oder ich wurde später aufgerufen, mit Nummer. Aber das war mir egal, Hauptsache, ich hatte etwas zu essen.

Meine Schwester Therese ist ebenfalls in Auschwitz geblieben. Aber sie wurde nicht vergast. Sie hatte doch einen Herzklappenfehler, und daran ist sie gestorben. Sie ist verbrannt worden, aber nicht vergast.

Einmal ging ich mit Kapo Felix auch zu den Krematorien und habe mir das angesehen.

Wir verließen dabei das Zigeunerlager, natürlich mit SS-Bewachung, gingen zum Krematorium und holten dann dort diese runden Büchsen ab, mit diesem Zyklon B. Zweimal oder dreimal. Ich begleitete den Kapo Felix, nicht nur um zu sehen, sondern um zu tragen.

»Komm mal mit«, hat er gesagt.

Die Gasduschen sah ich nicht, aber die Öfen und die Wagen, auf denen die Toten zu den Öfen gefahren wurden.

Wir nahmen die Büchsen und gingen wieder zurück in unser Lager.

Wir hatten einen Kronmeisel, ein gezähntes Rundeisen. Den setzte ich in der Mitte der Büchse an und schlug mit dem Hammer drauf. Dann wurde das Blechteil herausgebrochen und abgemacht, und dann konnte man von diesen viereckigen Körnern herausnehmen, die türkis aussahen, oder blau.

Ein paar Körner reichten, um eine Unmenge an Decken und Kleidern zu entlausen.

Wir alle gingen durch diese Entlausung. Blockweise.[22] Männer und Frauen. Aber ich will hier nichts Falsches sagen. Ich glaube, zuerst kamen die Männer zur Entlausung und dann die Frauen. Aber genau weiß ich das nicht mehr. Ich glaube, auf Initiative von Kapo Felix wurden später Männer und Frauen getrennt.

Jedenfalls liefen sie zunächst durch ein Becken mit einer Lösung gegen Bakterien oder gegen Pilze. Wenn die Leute dann drin waren, drehte Kapo Felix das Wasser auf. Dann duschten sie. Und in der Zwischenzeit wurden ihre

Sachen entlaust, die sie ja vorher ausgezogen hatten. Diese Sachen wanderten, eingehängt in Wagen, separat durch ein Dampfbad und wurden auf der andern Seite wieder rausgeschoben. Dort nahmen die Leute sie wieder an sich und zogen sich an.

So ging das Block für Block, und wenn der letzte Block durch war, fing es wieder von vorne an.

Ich habe so etwas nie mehr gesehen. So viele Läuse, soviel Zeug, Tiere! Nicht daß man sie mit der Hand zusammenkratzen konnte! Man mußte dafür eine Schippe nehmen. Ja, soviel Läuse waren das, und das bei jeder Entlausung! Wenn Sie die Decken schüttelten, fiel es heraus wie Sand. So viele waren das.

Das wimmelte nur, das wimmelte nur so davon.

Um dieser Sache Herr zu werden, dazu war die Sauna da.

Unter anderem kamen auch die Lagerführer, die Arbeitsdienstführer, die Blockführer, das war aber SS. Ja, die kamen auch. Sie duschten sich und stellten ihre Schuhe oder Stiefel hin. Die mußte ich putzen, dann kamen sie wieder auf ihren Platz. Alles prima. Ich hatte also einen wunderbaren Job.

Zu uns kam auch immer das Kanada-Kommando. Kanada-Kommando nannte sich das.[23]

Diese Leute wurden damit beschäftigt, die Leute mit dem Gas umzubringen und sie danach in den Öfen zu verbrennen. Sie wurden alle sechs Wochen ausgewechselt. Entweder weil sie dann nicht mehr konnten oder weil nichts nach außen dringen sollte.

Die Juden, die ankamen, kamen ja gar nicht erst ins Lager. Sie trafen hinter unserem Zaun in Birkenau ein, auf den Geleisen. Dort sortierte man die Familien in Kinder und Mütter, junge Leute, ältere Leute. Koffer und alles andere mußten sie stehenlassen. Man sagte ihnen, sie kämen zum Duschen – Tatsache, die allermeisten von ihnen kamen in die Gasdusche und wurden dann verbrannt. Sie wußten gar nicht, wie ihnen geschah. Es hieß, sie würden in eine Dusche gehen, und in Wirklichkeit wurde von oben dieses Zeugs, dieses Zyklon B, reingeschmissen, und dann wurde das Wasser aufgedreht. In Verbindung mit Wasser wurde dieses erst Gas. Und so hat man all diese Leute umgebracht.

Man wußte, was da stattfand, jeder wußte das. Einmal kam eine Kommission zu uns ins Lager und fragte die Kinder, was das für Öfen und Kamine seien dahinten. Die Krematorien waren ja nur ein paar hundert Meter weit weg. Da sagten die Kinder:

»Da wird Brot gebacken.«

Sie hatten Angst, umgebracht zu werden, wenn sie die Wahrheit sagten.[24]

Die arbeitsfähigen Neuankömmlinge wurden auf die jeweiligen Lager verteilt, wo andere gestorben waren oder wo mehr Arbeitseinsatz gebraucht wurde.

Das Kanada-Kommando hat den Leuten die Zähne ausgebrochen, sie haben ihnen Ringe und sonstiges abgenommen. Ich weiß nicht, was sie noch alles an den Leuten fabriziert haben.

Dieses Kommando arbeitete immer dicht mit den SS-Leuten zusammen. Die Juden brachten ja viel Gold und Brillanten und Geld mit und dieses und jenes, die besten Seifen, Parfums, Lippenstifte usw. Und wenn das Kanada-Kommando zu uns in die Sauna kam, um sich zu entlausen und zu duschen und die Kleider zu desinfizieren, dann mußte ich diese ja in die Wagen einhängen. Natürlich guckte ich in die Taschen, was da alles drin war. Die Leute vom Kommando kamen ja auf der anderen Seite der Sauna raus, sie sind ja nicht mehr zu uns zurückgekommen. Wenn ich alles herausgenommen hätte, hätten sie auch nichts dagegen machen können. Aber ich nahm nur Kleinigkeiten, die ich brauchen konnte, bei denen ich dachte, die kannst du vertauschen, Kekse oder so. Und wenn man dann in so einen Keks reinbiß, fand man mitunter einen kleinen Ring oder ein kleines Stück Kette. Das hatten die Juden alles eingebacken im Gebäck.

Die Leute vom Kanada-Kommando bekamen das beste Essen, lebten bombastisch, schliefen auch sehr gut. Wenn jedoch die sechs Wochen um waren, dann gingen sie mit in den Ofen. Ich weiß nicht, ob sie das wußten, aber jedenfalls hat unser Kapo Felix das gesagt. Und der war Reichsdeutscher.

Die Reichsdeutschen waren zwar auch Verurteilte, wurden aber nicht als Abtrünnige behandelt wie wir. Wir durften ja keine Deutschen mehr sein. Sie hatten eine Menge zu sagen. Sie machten auch Schiebergeschäfte mit der SS. Gerade das Kanada-Kommando. Was da angekommen ist, was für Gold und Geld und Sachen! Die schönsten Pelze, die jüdischen Frauen abgenommen wurden, wurden später von SS-Frauen getragen.

Lagerführer, Arbeitsdienstführer, zu uns kam alles. Einer der Arbeitsdienstführer, die zu uns in die Sauna kamen, hinkte. Ein großer Mann. Er ging an einem Krückstock. Die Kinder sind immer zu ihm hingelaufen und haben ihn berührt.

Dr. Mengele ist ja auch zu uns gekommen, der hat ja auch in unserer Sauna geduscht. Dem habe ich die Stiefel saubergemacht vom Staub und habe sie ihm hingestellt.

Wenn bekannt wurde, daß Dr. Mengele kam, dann liefen ihm die Kinder entgegen. Er nahm sie an der Hand und ging mit ihnen hinter zur Sauna, denn der Krankenbau lag unmittelbar vor der Sauna.

Sein Fahrer – mitunter ist Dr. Mengele auch selbst gefahren – kam im offenen Geländewagen. Hinten auf der

Ablage lagen rundherum alle möglichen Gläser. Große, kleine, hohe. Man konnte erkennen, daß sie mit verschiedenen Sachen gefüllt waren. Was, das kann ich nicht sagen.

Vor dem Krankenbau zog Dr. Mengele immer seinen weißen Kittel an. Dann ging er hinein.

Ich habe auch einmal den Krankenbau besichtigt. Man hatte einigen Leuten oberhalb oder unterhalb des Knies das Fleisch eingeschnitten, ein Stückchen weiter wieder eingeschnitten und hatte dann mit einer langen Schere Gaze durchgezogen. Zu was das diente? Ich weiß es nicht. Die Leute bekamen alle dicke Gesichter oder dicke Füße. Wer da reinkam, kam nicht wieder heraus. Das weiß ich. Mein Onkel lag da drin. Seine Frau auch. Beide sind nicht mehr herausgekommen. Auch ein anderer Onkel nicht. Sie sind alle kaputtgegangen.

Ich kann nicht sagen, daß Mengele jemandem eine Todesspritze gegeben hat. Ich war nicht dabei. Gehört hat man davon, aber ob es stimmt, weiß ich nicht. Er war ein hübscher, stattlicher Mann und sehr freundlich, immer lachend, nie böse. Wenn Sie den ansahen, hatte er immer ein freundliches Gesicht. Er hat immer gelacht.

Nachher nannten sie ihn ja den Todesengel von Auschwitz, denn wenn er kam, dann war Tod programmiert. Er sah sich die Leute an und bezeichnete sie, und dann kamen sie weg, entweder wegen ansteckender Krankheit oder aus was weiß ich welchen Gründen. Zwillinge haben ihn immer besonders interessiert. Gott sei Dank war ich nicht dabei.

Er kam zu uns in die Sauna, duschte und machte sich frisch. Ich rieb seine Stiefel ab und stellte sie hin. Er zog sie an und unterhielt sich mit dem Kapo. Gesprochen habe ich mit ihm nicht. Ich mußte ja alles wie auf Kommando, wie ein Soldat verrichten.

»Z 6084! Alles in Ordnung!«

»Jajaja.«

Mehr sagte er nicht. Dann ging er raus. Einmal ließ er Zigaretten liegen, absichtlich. Er durfte ja niemandem etwas geben, das wußten wir ja. Aber dem Kapo gab er bestimmt etwas, und der ihm auch. Die beiden waren nämlich sehr dicke Freunde, kann man fast sagen. Und so war es auch mit den andern Obersten. Wenn die zwei sich unterhielten, durfte ich nicht dabeisein. Das geschah hinter einer Tür, im Büro.[25] Ich konnte nichts hören. Auf der anderen Seite hat es mich auch gar nicht interessiert. Ich hätte sowieso nichts ändern können.

Mengele war quasi die Person, zu der alle kommen mußten. Nie hätte ich geglaubt, daß er irgendwie etwas Böses wollte. Später, nach '45, hörte ich mehr von ihm.

Ich wußte von den Versuchen. Daß er den Menschen dort Organe entnahm, das wußte ich schon. Davon wußten die Häftlinge:

»Jetzt kommt er wieder. Jetzt holt er sich wieder, was er braucht.«

Aber von »Organe entnehmen« war nie die Rede. Es hieß: Er nimmt sich wieder Sachen von den Leichen, um Experimente zu machen. So haben wir das bezeichnet. »Organe entnehmen«, das wird erst heute so ausgedrückt.

Ich glaube, wenn die Ärzte damals so weit gewesen wären wie heute mit der Organentnahme, dann wäre niemand von uns durch Arbeit in den Tod getrieben worden. Im Gegenteil. Man hätte gesagt: Wir wollen euch nicht haben, aber ihr werdet alle interniert. Wir hätten alle ein wunderbares Leben geführt, mit bestem Essen und Trinken, mit Sport, mit Veranstaltungen usw. Es hätte geheißen: Für eurer inneres Leben, für die Seele, sorgen wir auch, und wir können jederzeit auf euch zurückgreifen. Wann wir wollen. Damit man dann, wenn man die Organe gebraucht hätte, hätte sagen können: Also, der kommt morgen dran. Dann hätten sie wirklich einwandfrei frische Ware gehabt, und das wäre nie abgerissen, massenweise Leute, die man pflegt und hegt, und die dauernd unter ärztlicher Kontrolle stehen, jede Blutgruppe, alles Leute, von denen man genau weiß, wessen Herz zu dem und zu dem paßt usw. Das wäre eine der besten Fleischbänke geworden.

Das wäre immerhin besser gewesen. Man hätte nicht Millionen vergast und verbrannt.

Ich weiß nicht, ob ich, wenn ich heute an einem Leichenberg vorbeigehen würde, so ganz ohne Empfindungen wäre, aber in Birkenau hatte ich mich daran gewöhnt. Die Leichen gehörten zu unserem Tagesablauf. Sie waren einfach da, und wir mußten sie sehen. Sie waren nicht zu übersehen. Und es hat mir auch nicht leid getan, so daß ich etwa gesagt hätte: Ach, die Armen. Da lagen Frauen, Männer und Kinder.

Ich kann mich an einen Mann erinnern, ich glaube ein Roma-Tscheche, der packte mit einem anderen die Leichname an Beinen und Armen, und dann wurden die raufgeschmissen auf den Lastwagen wie Holz. Kinderleichen haben sie an Arm oder Bein gefaßt und durch die Luft geschmissen, wie wenn man irgendetwas wegschleudert. Die Körper drehten sich und flogen auf den Lastwagen.

Der Leichenberg war direkt bei der Sauna hinter dem Krankenbau. Dort wurden die Toten hingeschleppt. Aufgebaut. Abgelagert. Gestapelt. Hingeschmissen. Immer rauf, immer rauf. Nackt alle. Der Berg war jeden Abend über zwei Meter hoch. Und jeden Abend kam ein Lastwagen mit Anhänger, um diesen Berg abzuholen und zum Krematorium zu fahren.

Sie empfinden nichts mehr. Die Leute werden dann so, wie soll ich sagen, unempfindsam. Sie empfinden nichts mehr. Wenn jemand gekommen wäre und hätte sie an die Wand gestellt, sie hätten nicht gesagt:

»Nein, Hilfe!«

Sie hätten auch nicht geweint oder geschrien, nein, gar nichts. Wir hätten in unserer Verfassung alles über uns ergehen lassen wie Lämmer, die zur Schlachtbank geführt werden. Genau so. So weit war es mit uns gekommen.

In so einer Lage verlieren die Leute das Gefühl für den Menschen. Da wird nur noch getreten, geprügelt und weggenommen, um sich zu bereichern, um zu überleben. Wenn man den Menschen dann ganz am Schluß richtig ansieht und ihn studiert, was ich gemacht habe, dann sieht man: Das sind keine Menschen mehr, sie sind wie Tiere, sie haben einen Ausdruck im Gesicht, den kann man nicht mehr definieren.

Von keinem kann man mehr sagen, der meint es böse oder gut. Jeder ist mit seinen Nerven und Gedanken schon so weit weg, kann niemanden mehr sehen. Wenn er die Möglichkeit hat, jemanden zu erschlagen, dann erschlägt er ihn. Er hat kein inneres Gefühl mehr. Das hat man ja auch bei den Kapos und bei der SS gesehen. Es war doch egal, ob das eine Frau war oder ein Kind oder ein Mann, die schlugen drauf auf die Köpfe, daß das Blut spritzte, und haben dann mitunter sogar noch einmal nachgeschlagen. Da kann man von Menschen nicht mehr reden.

Die SS-Leute haben unsere Frauen mißbraucht. Nicht direkt im Block, sondern meistens hinter dem Block oder woanders, und anschließend haben sie sie erschossen. Einer Verwandten haben sie auch in den Kopf geschossen. Da rein, und da aus dem Kopf wieder heraus. Sie lebt noch, aber es gibt Momente, da ist sie nicht ansprechbar. An diese Zeit darf man sie nicht erinnern.

Hinter der Sauna kam ein Wassergraben, dann der Zaun, und hinter dem Zaun standen die Posten, vor den Geleisen. An diesem Graben gingen Kinder. Es war warm, und die Kinder sollten Wasser holen, um den Block sauberzumachen. Und da hat einer der Posten auf sie geschossen und sie auch getroffen. Eines am Arm, einen kleinen Jungen in den Bauch. Das habe ich gesehen. So hat der Junge seine Gedärme gehalten.

Danach wurde sofort Blocksperre angeordnet.

Es gab Leute, die ausgebrochen sind. Unter anderem waren das Elektriker, die mit dem Elektrodraht Bescheid wußten, wann der ausgeschaltet wurde. Der Lagerzaun stand ja unter Starkstrom.

Ich erinnere mich an einen Sinto, der erwischt wurde. Erst wurden die Eltern, der Vater, die Mutter und die Geschwister, die im selben Block waren, nach Strich und Faden verprügelt. Er wurde zurückgebracht. Es wurde ihm ein ganz neuer, ganz sauberer Sträflingsanzug angezogen, und dann wurde er über den Bock gezogen.

Der Bock, das waren Latten mit einer Wölbung, so ähnlich wie das Ding, womit früher die Bauern Kartoffeln sortierten, bloß daß unten ein Kasten dran war, in den man die Füße verdreht hineinstellen mußte, so daß man sie nicht mehr herausziehen konnte. Man mußte sich darüberlegen, in die Mulde, und links und rechts zog jemand an den Händen. Und hinten haben dann zwei Mann geschlagen, mit dicken Lederpeitschen. Anfangs waren es die SS, aber später hatten die SS anscheinend keine Lust mehr daran. Dann mußten das die Kapos oder Blockältesten ausführen. Und dann konnte man sehen, wie dem, der geschlagen wurde, das Blut die Hosen hinten runterlief.

Den Sinto, der hatte flüchten wollen, haben sie zu Tode gequält. Sie legten ihn auf eine Tür und zeigten ihn erst auf dem Appellplatz und trugen ihn dann von Block zu Block, damit wir sehen konnten: Das passiert jedem, der versucht, hier auszubrechen. Als abschreckendes Beispiel. Und ich glaube, danach ist auch keiner mehr getürmt. Schon wegen der Familie. Wäre auch Quatsch gewesen.

76

Die hätten einen überall wieder eingefangen. Man wußte ja nicht, wohin man sich hätte wenden können.

Wir waren also völlig abgestumpft. Und trotzdem haben wir uns einmal gewehrt.

Wir sollten verbrannt werden, wir Sinti. Alle.

Die russischen Sinti in Block 23 hatten sie schon ausgehoben, die hatten sie verbrannt.[26] Uns hatte man gesagt, sie hätten Pocken und würden uns anstecken. Gegen Abend fuhren ein paar Lastwagen vor. Die SS sprang ab mit Hunden, Karabinern und Maschinengewehren und prügelte die Leute auf die Wagen rauf. Wir konnten die Schreie und das Bellen und den Krach hören. Wir haben auch durch die Oberlichter geguckt. Richtige Fenster gab es ja nicht in den Baracken.

Die Autos fuhren weg, und dann sahen wir, wie die Flammen aus den Schornsteinen des Krematoriums schlugen, und es roch nach verbranntem Menschenfleisch. Ob diese Leute vergast wurden oder erschossen, kann ich nicht sagen. In Auschwitz achtete man nicht mehr darauf, ob ein Maschinengewehr hämmerte, ob Schüsse fielen.

Ich hatte eine Freundin in diesem Block gehabt, eine Roma, die Tochter des Blockältesten. Er hieß Didi. Sie hieß Sofie, und ich hatte sie an diesem Tag noch besucht.

Als nun den Blockältesten bekannt wurde, daß wir Sinti und Roma alle verbrannt werden sollten, sagten sie – und da muß man ihn wieder loben, den Hans Koch, und auch den anderen Blockältesten, den Wally, das war so ein Kleiner, Blonder, Untersetzter, ein Hund, aber trotzdem – er war auch mit einer Frau von uns Sinti zusammen – da sagten die Blockältesten:

»Also, paßt auf. Der Lagerführer beabsichtigt, zu uns hereinzukommen und die Sinti hier auszuheben.«

Ich sollte mich auf der einen Seite der Lagerstraße postieren, auf der Höhe der Sauna, und mein Cousin

Oskar – der, mit dem ich zur Schule gegangen war – auf der anderen.

Die Blockältesten sagten uns:

»Wenn wir euch mit den Taschenlampen Zeichen geben, dann rennt ihr los und klopft an jeden Block. Die wissen schon Bescheid.«

Wenn die SS uns gesehen hätte, hätte sie uns erschossen. Aber sie haben uns nicht gesehen. Als wir dann die Blinkzeichen sahen, rannten wir los, und als wir klopften, wußten die Blockältesten der jeweiligen Baracken: Ah, jetzt kommen sie.

Wir schlüpften wieder in unsere Baracke. Und dann dauerte es nicht lange, da kam Lagerführer Schwarzhuber mit seinen Mannen, mit Kettenhunden und Maschinengewehren ins Lager marschiert. Er schritt mit seiner Mannschaft einige Blöcke ab.

»Blockältester meldet Block 7 belegt mit 350 Häftlingen! Keine Neuigkeiten!«

Er kam auch kurz zu uns rein. Angeblich wollte er nur Karteikarten kontrollieren. Stichproben.

Wir wußten schon, was los war. Alle waren bewaffnet – mit Schippe, Spaten, Hammer, Pickel, Hacke, Forke, mit unseren Arbeitswerkzeugen und was ein jeder gefunden hatte. Die Leute sagten sich: Also gut, wenn die uns hier ausheben wollen, dann werden wir unser Leben so teuer wie möglich verkaufen. Wir geben uns nicht in ihre Hände. Vielleicht kommen wir an die Maschinengewehre heran, dann haben wir natürlich die größeren Chancen.

Das waren aber in der Hauptsache die Blockältesten, die Stubendienste, alle, die noch kräftig beieinander waren.

Schwarzhuber merkte, daß in allen Baracken und auch drüben im Polenlager und im Judenlager das Licht angegangen war, und daß ganz Birkenau unter Licht stand. Alle waren aufmerksam.

Viele Blockältesten und Kapos hatten ja mit unseren Frauen Verhältnisse. Da wurden auch Kinder geboren. Also wollten sie die Vernichtung nicht. Sie wollten mit uns in den Kampf gehen. Also war es für die SS gefährlich.

Und da hat Schwarzhuber einige Blöcke kontrolliert und ist dann so sang- und klanglos, wie er gekommen war, wieder abmarschiert mit seinen Truppen, weil er sich sagte: Wenn wir das machen, das gibt ein Chaos, das gibt keine Ruhe, die leisten Widerstand. Vielleicht hätten sie fünfzig oder hundert von uns erschossen, aber dann hätten wir auf Schwarzhuber Jagd gemacht. Er wäre nicht gesund herausgekommen.

Die Leute, die inzwischen alle fast zwei Jahre und noch länger in Birkenau gelebt hatten, wußten ja, was gespielt wurde. Das war ja nicht wie bei den Juden, die neu ankamen aus anderen Ländern und ihre Koffer abstellten.

Die Aktion wurde abgeblasen, und wir blieben weiter in Auschwitz.[27]

Bis zum August '44. Dann kam eine Verlegung. Da hieß es: Alle noch arbeitsfähigen Menschen kommen auf Transport, unter anderem auch Otto Rosenberg – auch auf den Transport. So nach dem Motto:

»Zeig mal deine Muskeln her, wenn du was draufhast, dann kannst du arbeiten.«

Ich wollte zuerst nicht mit.

»Mami, ich bleibe hier bei dir.«

Es waren noch so viele kleine Enkelkinder da, deren Eltern schon weg waren und die sich alle an die Oma klammerten.

»Komm mit«, sagte ich.

»Nein, ich kann ja die Kinder nicht hier allein lassen. Ich kann die Kinder unmöglich allein lassen. Ihre Angst – nein, ich bleib da, mein Junge, geh du mal.«

Und dann hat sie selbst gesagt:

»Hier, Stubendienst, hier ist noch einer, mein Junge will auch mit.«

Dabei wollte ich gar nicht mit. Und die gleich:

»Los, los, raus!«

Und dann bin ich mit. Mein Cousin Oskar und sein jüngerer Bruder, Bodo, kamen mit. Und wie sich später herausstellte, kam auch ihr Vater mit, der Bruder meiner Mutter, Florian, sowie mein Onkel Julius.

Wir kamen zunächst ins Hauptlager Auschwitz und mußten warten. Und dann ging der Transport nach Buchenwald ab.[28]

VII.

In Buchenwald wurden wir vor einen Lagerarzt gestellt. Er saß an einem Tisch. Wir mußten uns anstellen und alles ablegen. Er musterte uns und wies uns durch Zeichen eine Seite zu.

Oskar kam mit mir auf eine Seite und Bodo auf die andere.

Dann hieß es: Die auf der Seite, wo Bodo war, kommen zurück nach Auschwitz.

Er war wahrscheinlich zu schmächtig. Aber er war höchstens ein Jahr jünger als wir. Bodo fing an zu jammern. Er war ja immer mit seinem Bruder zusammengewesen.

Da ging Oskar zu seinem Bruder hinüber und tauschte mit einem anderen Jungen, der lieber in Buchenwald bleiben wollte, seine Nummer.

Die Nummer aus Auschwitz hatte in Buchenwald keine Gültigkeit mehr. Wir hatten schon neue Nummern bekommen. Ich hatte die Nummer 74669. Aber die Nummer war nicht eintätowiert, sondern kam nur auf die Kleidung. Wir hatten sie auf die Hose nähen müssen und auf die Jacke oben links.

Oskar vertauschte diese Nummer und ging dann mit seinem Bruder Bodo zurück nach Auschwitz, in den Tod. Meiner Meinung nach wußte er das. Die jüngeren Leute, die nach Auschwitz zurückgingen, wurden dort alle der Vernichtung zugeführt.[29]

Ich weiß nicht, ob ich nicht gehandelt hätte wie Oskar, wenn mein Bruder zurückgegangen wäre, und ich die Möglichkeit gehabt hätte, mit ihm zu gehen. Aber ich war ja immer alleine. Meine Mutter war im KZ Ravensbrück. Und mein Vater und mein Bruder Waldemar waren in Białystok im KZ, und mein Bruder Max war im KZ Neuengamme. Ich war nur mit der Oma zusammen, und das auch nur teilweise. Und ich glaube, das war ganz gut, daß ich alleine war. So brauchte ich auch auf niemanden Rücksicht nehmen. Was ich tun wollte, das habe ich selbst entschieden und habe es auch getan. Das war ein Grund, warum ich überlebt habe.

So sind die Freunde aus der Kindheit weggegangen. Aber es war ja nicht so, daß du gesagt hättest:

»Mach's gut!«

Oder mit Verabschieden oder so. Das war ja gar nicht.

»Antreten! Da lang! Da lang!«

Und so.

»Also tschüß.«

Aus.

Was mit dem Betreffenden wurde, das konnte man sich ausmalen, aber man hat gar nicht darüber nachgedacht. Wer zwei Jahre in Auschwitz war wie ich, bekam eine gewisse Stumpfheit. Alles haben wir wehrlos mit uns geschehen lassen. Sie haben uns hier oben, wo das Herz sitzt, eine Spritze gegeben. Keiner bäumte sich auf. Keiner sagte:

»Nein, das lassen wir nicht machen.«

Wir wußten nicht, um was es sich handelte. Wir machten uns auch darüber keine Gedanken. Wir waren schon so abgestumpft, daß uns auch das egal war.

Vielleicht war es eine Impfung. Es muß wohl eine Impfung gewesen sein, sonst säße ich jetzt nicht hier.

Wir erfuhren dann von den nachkommenden Blockältesten, daß der Rest von uns, der in Auschwitz geblieben war, unter anderem meine Großmutter, aber auch die andern Cousins und Cousinen und Enkelkinder alle, daß das ganze Zigeunerlager Birkenau liquidiert worden war. Alles zu Ende. Haben sie alle umgebracht.

Wie lange wir in Buchenwald waren, weiß ich nicht genau. War es eine Woche, waren es drei Wochen, vierzehn Tage? Ich weiß es nicht.

Es gab dort einen Bärenzwinger, da war ein Bär drin. Der Mann, der ihn betreute, hieß Itzig.

Die Kapos und Blockältesten von Buchenwald rechneten mit den Kapos und Blockältesten von Auschwitz ab, die dort Verwandten oder Bekannte der Buchenwalder geschlagen hatten. Sie wußten ganz genau, was in Auschwitz geschehen war. Sie nahmen die Vorarbeiter aus Auschwitz ins Verhör und verpaßten ihnen Prügel. Einen hätten sie beinahe totgeschlagen. Ob er eine schwangere Frau totgeschlagen oder sie in den Bauch getreten hatte, das weiß ich nicht. Er lag schon auf der Erde, und einer wollte ihm einen Felsbrocken auf den Kopf fallen lassen. Im letzten Moment konnte er ausweichen. Er sprang auf, und dann wurde er wieder geprügelt und ist wieder um sein Leben gerannt und verschwand zwischen den Reihen. Er hatte Glück.

Ich kam in den Arbeitseinsatz. Wir mußten runter, ganz tief runter in einen tiefen Steinbruch. Dort nahm jeder einen Stein auf die Schulter, und mit dem mußten wir wieder den langen, langen Weg nach oben. Wir warfen den

Stein ab und stiegen ohne Verzögerung wieder hinab. Das war ein Kreislauf, eine Kette. Die Arbeit war schwer, denn die Steine waren eckig und oft riesengroß.

Die Lagerführung wußte mit den Leuten nichts weiter anzufangen, als sie zu beschäftigen.

Und auf einmal hieß es wieder: weiter.

Wieder wurde ein Transport zusammengestellt, wieder wurde ich ausgesondert, und dieser Transport ging nach Dora.

Dora lag im Harz. Dort wurden die Stollen gebaut, in denen die V2, die Wunderwaffe, hergestellt wurde. [30]

Wir wurden als Stollenräumer eingesetzt. Viele arbeiteten drinnen im Stollen, mit Preßlufthämmern.

Ich arbeitete zunächst vor dem Stollen. Wir trieben einen Weg in den Stein. Der Felsen wurde angebohrt, dann kamen Patronen rein, dann wurde gesprengt, und der Schutt wurde herausgefahren.

Der Kapo war aus Berlin. Hundekopp hieß er. Er hatte eine ganz verbogene Nase. Er wird wohl ein Boxer gewesen sein oder ein Kneipier. Ein Riesenkerl.

In Dora traf ich einen Cousin, der zwar auch aus Auschwitz kam, der mir aber dort nicht aufgefallen war.

Mit ihm zusammen und meinen beiden Onkels kam ich dann bald nach Ellrich. [31]

VIII.

Appell.

»Alles antreten!«

Wir traten an, zählten ab und wurden dann auf die Steinbaracken verteilt. Drei oder vier Mann bekamen eine Decke und dazu Papiersäcke, die mit Holzwolle gefüllt waren, voller Flöhe und Mist. Wir schliefen, und am andern Morgen gab es ein halbes Brot. Aber das waren kleine Brote, Kommißbrote. Und Marmelade. Mittags gab es Pellkartoffeln mit Hering. Aber Wasser gab es nicht. Und abends noch einmal ein halbes Brot und manchmal eine Scheibe Wurst oder Käse. Aber ein Viertel Brot war kein Viertel Brot. Wie in Auschwitz wurde das Brot in der Mitte und längs geteilt, und dabei schnitten die Hunde in der Mitte immer eine dicke Scheibe heraus. Also war ein Viertel Brot ein Achtel Brot, und das hat natürlich nicht gereicht.

Wir mußten uns blockweise aufstellen. Dann wurden die Arbeitskommandos zusammengestellt. Die einen arbeiteten im Stollen, die andern außerhalb.

Ich kam zur Gawabau, zum Gas-Wasser-Bau, auf Planierung Zwo. Wir arbeiteten vor dem Stollen und schippten den Schutt in die Loren. Dann legten wir Rohre für die Be- und Entwässerung. Über Berge und durch Täler. Ich arbeitete auch am Felsen, mit dem Preßlufthammer. Wir mußten, glaube ich, achtzig Zentimeter tief in die Erde und in den Stein. Das war natürlich sehr schwere Arbeit. Ich hatte großes Glück, daß ich nicht rauchte.

Um drei Uhr, vier Uhr, wie sie Lust hatten, war Appell. Jeden Morgen marschierten wir aus dem KZ raus. Eine Sinti-Kapelle spielte.

»Hoch die Beine!«

Wie die Soldaten.

»Abteilung halt! Im Gleichschritt marsch! Im Laufschritt marsch!«

Oder auf der Stelle treten.

Wir marschierten ein Stückchen, bis zum Bahnhof, ein flaches Gebäude. Dort stiegen wir in Viehwaggons, immer in abgeteilten Gruppen.

»Rein in die Waggons!«

Das mußte dann aber schnell gehen. Wehe, wenn einer nicht schnell genug drin war! Die Letzten haben immer den Rest bekommen. Schläge! Die Russen kamen zu uns in den Waggon. Wir fuhren bis zur Bahnstation Woffleben.[32]

Beim Aussteigen war es anders.

»Raus!«

Da war es dann etwas ruhiger. Der Zug fuhr weg. Wir überquerten die Geleise und marschierten bis zu einem großen, runden Platz. Dort war wieder Appell, und wenn wir vollständig waren, durften wir gruppenweise ausmarschieren zum Arbeitsplatz.

Ich arbeitete beim Kapo Keutmann. Katschka nannten wir den, das ist polnisch, also Ente, weil er so krumme Beine hatte und immer so hin und her watschelte. Die Russen oder die Polen hatten ihn so getauft.

Mittags hat man sich wieder auf dem Platz getroffen. Manchmal auch nicht. Dann bekamen wir das Mittagessen auf der Arbeitsstelle. Brennessel mit Kohl, Kartoffeln, Steckrüben, Mohrrüben, so eine Plörre. Eine Kelle voll. Es gab Schüsseln, die wurden aber immer wieder eingesammelt, zum Waschen. Miski sagten die Russen zu diesen Schüsseln. Man mußte sich immer quälen, eine solche Miski zu bekommen. Man mußte sich mit ihr anstellen und hielt sie hin. Dann tauchte der, der das Essen ausgab, die Kelle ein, und wenn er sie rausnahm, schwappte die Hälfte heraus. Den Rest bekam man dann. Wenn man etwas sagte, bekam man die Kelle auf den Kopf. Also sagte man nichts.

Nach dem Essen marschierten wir wieder zur Arbeitsstelle. Auf dem Platz hing ein Eisen, ein Stück Eisenbahnschiene, glaube ich, das hing an einem Ast.

»Dingdingdingding!«

Wer nicht sofort am Arbeitsplatz war, wurde gesucht und bekam Keile. Jeder war pünktlich, keiner hatte sich zu weit weg zu wagen.

Nach Feierabend versammelten wir uns wieder auf dem Platz. Anstellen in Zweier- oder Dreierreihen.

»Ausrichten! Augen geradeaus! Im Gleichschritt marsch!«

Dann wurden Kontrollen gemacht. Das Kommando blieb stehen. Stöße.

»Du raus, du raus, du raus!«

Diejenigen wurden dann durchsucht. Wurde etwas gefunden, gab es Schläge.

Als es kälter wurde, nahmen wir leere Zementtüten und schnitten an den Seiten und oben Löcher hinein. Die zogen wir dann an, und darüber das Hemd.

Wenn wir marschierten, schlugen uns die Posten mit einem Stock immer auf den Rücken. Patsch, patsch. So hörten sie, ob eine Zementtüte drunter war.

»Raus! Raus!«

»Ausziehen!«

Hatte man eine Tüte an, gab es Schläge. Dann wurde die Nummer aufgeschrieben, da gab es kein Entweichen. Es hieß, wegen der Zementkrätze. Aber ich weiß nicht. Ich machte meine Tüte sauber, schüttelte sie richtig aus und drehte sie um. Da kam kein Wind durch, die Tüte hielt warm.

Auch die Füße wurden kontrolliert. Strümpfe gab es ja nicht. Aber manchmal riß einer eine Decke an, und dann rissen die andern mit. Das hat man sich dann als Fußlappen um die Füße gewickelt. Gott sei Dank wurde ich nie erwischt.

Ich hatte damals eine Fliegerkappe aus Leder, die hatte ich irgendwann eingetauscht, mit Ohrenklappen. Das war eigentlich mein Glück.

In Ellrich war dann wieder Appell, und danach ging es in den Waschraum. Dann Tee, weiter, Brot, ab.

Dann war noch ein bißchen Zeit, wenn es warm war, auf dem Lagerplatz spazierenzugehen. Gegen Abend klingelte es wieder, dann mußten alle in ihren Boxen sein.

Und am nächsten Morgen fing alles wieder von vorne an. Ein Klingeln.

»Raustreten!«

Wenn Sie das Wort hörten, mußten Sie schon draußen sein. Man bekam sein Brot, aß es oder stopfte es unters Hemd. Dann ging es in den Waschraum. Wer einen Moment liegen blieb, hat überhaupt nichts geschafft. Ich kann sagen, daß ich mich immer wusch.

Wir sollten uns waschen, aber in dem Tempo war das kaum möglich. Trotzdem, ein bißchen hat man sich gewaschen. Das Wasser lief ja. Trinken durfte man auch in Ellrich nicht, wegen Typhusgefahr. Aber jeder trank.

Bei Kapo Keutmann war ich angesehen. Wir waren etwa dreißig, fünfunddreißig Mann. Bei uns im Kommando waren mein Onkel Florian, der Vater von Oskar, und auch Russen, Sergej und Micha. Sergej war Vorarbeiter wie mein Onkel.

Alle diese Russen hätten ja normalerweise in einem Kriegsgefangenenlager sein sollen. Aber sie waren bei uns im KZ. Dadurch eignete ich mir einen Teil Russisch an.

Juden haben bei uns auch gearbeitet, unter anderem auch der Herr Meier, ein kleiner Mann.[33] Es war kalt. Man mußte hart arbeiten, damit man schnell in die Erde kam. Dort war es wärmer.

»Meier, los, ran«, sagte ich, »arbeite, damit du reinkommst in die Erde!«

»Bin ich verrückt? Bin ich verrückt? Ich will doch nicht arbeiten«, sagte er. »Mußt du nicht arbeiten mit die Händ', mußt arbeiten mit die Äugen.«

Ich sagte:

»Ja, jaja, aber dann frierst du doch, und dir ist kalt.«

Aber das war ihm egal. Er hat lieber gebibbert. Er wollte den Leuten nichts Gutes tun. Aber ich tat es für mich, damit ich in den Graben kam. Wenn man ein Stückchen im Graben drin war, war es erstens wärmer, und zweitens war das die beste Möglichkeit, auch im Sommer, sich ein bißchen Ruhe zu gönnen. Wenn man oben herumlief, hieß es ja nur immer:

»Bewegung, Bewegung!«

Es durfte ja keiner stillstehen. Wenn Sie erwischt worden wären beim Stillstehen, dann hätten Sie gleich Schläge gekriegt.

Wenn ich früher fertig war, mußte ich dem Meier wieder helfen, daß er auch fertig wurde, damit wir gemeinsam nach vorne rutschen konnten. Ich habe deshalb schon einige Male mit ihm gezankt.

»Siehst du, jetzt mache ich deine Arbeit.«

Er antwortete:

»Warum arbeitest du so schnell, warum?«

Ich beobachtete, daß die Soldaten an einem bestimmten Platz die heiße Asche aus ihren Öfen ausschütteten, nahm einen Pappkarton, riß vorne eine Seite weg und paßte den richtigen Moment ab. Dann rannte ich hin, schnell, denn ich durfte mich dabei nicht erwischen lassen, schippte die Asche auf und lief zurück zu meinem Graben. Wenn ich so tief gegraben hatte, daß ich von oben nicht mehr zu sehen war, war das immer günstig. Mit der heißen Asche konnte man sich dann die Hände wärmen und die Füße.

Ja, ich kann sagen, bei uns war alles drin im Kommando, vom Rechtsanwalt bis zum gemeinen Arbeiter. Der gemeine Arbeiter war robuster, der konnte dieses ab. Was studierte Leute waren, das hat man gleich erkannt. Die wußten nicht, wie sie eine Schippe anfassen sollten. Sie konnten damit nicht umgehen. Und weil ich nun kein so feines Leben gehabt hatte vorher, sondern ein Leben in Kargheit und Hunger, machte mir die Schinderei nicht soviel aus wie einem Professor, der da nun auch in Sträflingskleidern steckte.

Kalutschabu (links)
und Barono (rechts).
Mit ihnen blieb Charlotte R.,
die Großmutter,
in Auschwitz-Birkenau.

Geschwister von Otto R.
aus der zweiten Ehe seiner Mutter,
die in Auschwitz-Birkenau
starben.

rechts
Rückseite

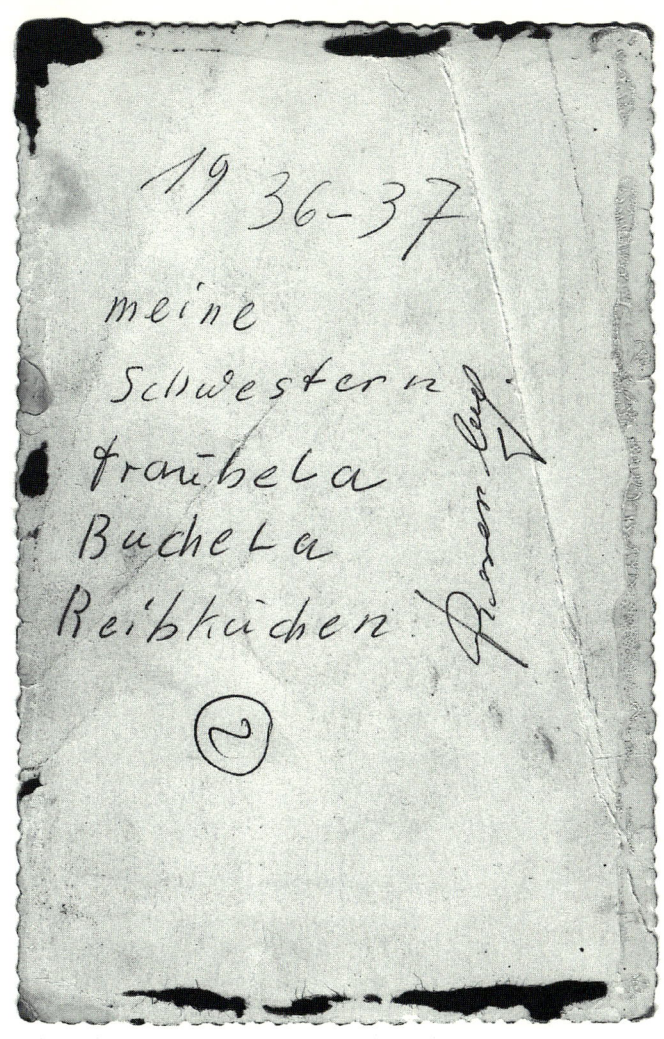

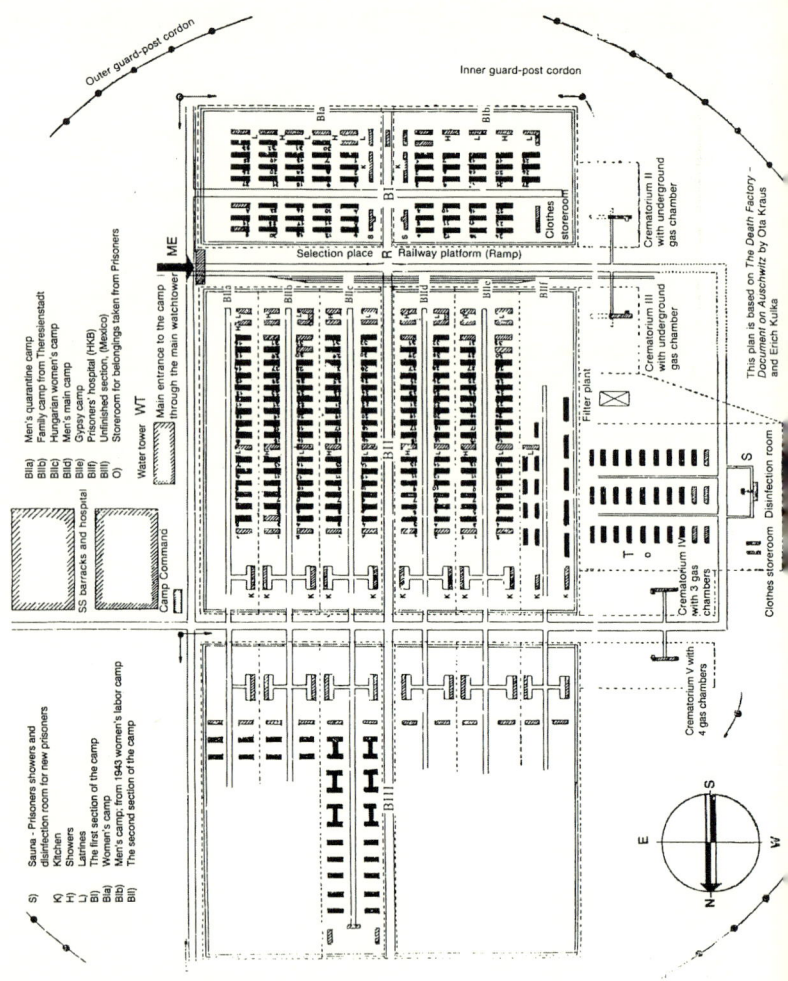

*Plan des Konzentrationslagers
Auschwitz-Birkenau.*

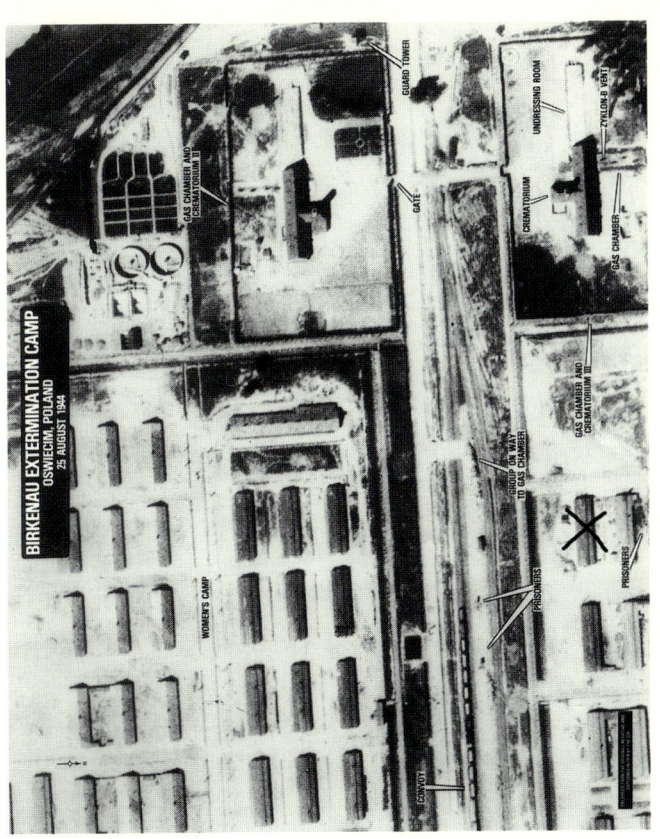

Luftaufnahme der US-Air-Force.
In der angekreutzen Baracke
befand sich die Sauna,
in der Otto R. arbeitete.

LEGITIMATION

to replace Identity Documents destroyed at Concentration Camps

Name (Nom) *Rosenberg Otto*

Birthplace (né (e) à) *Odgrexen*

Country (pays) *Cigriner*

Citizen (citoyen (né)) *Dansk*

Where taken from? (d'où était pris (e)) *Berlin*

In welchen Lager (s) lebte (s) (dans quel (s) Lager (s) vivait ?) *Auschwitz Buchenwald Dora, Elrich, Bergen-Belsen*

Prisoner from *1943. II. 12* to *1945. F 1*

Prisonnier de jusqu' à

Owner's signature (signature de possesseur) R. H. THUMB PRINT *Otto Rosenberg*

Witnesses' signature (signatures des témoins) *Halmi Lia*

Otto R.
Provisorischer Ausweis,
Salzwedel.

Luise Herzberg, die Mutter,
und Florian R., der Onkel. 1945.

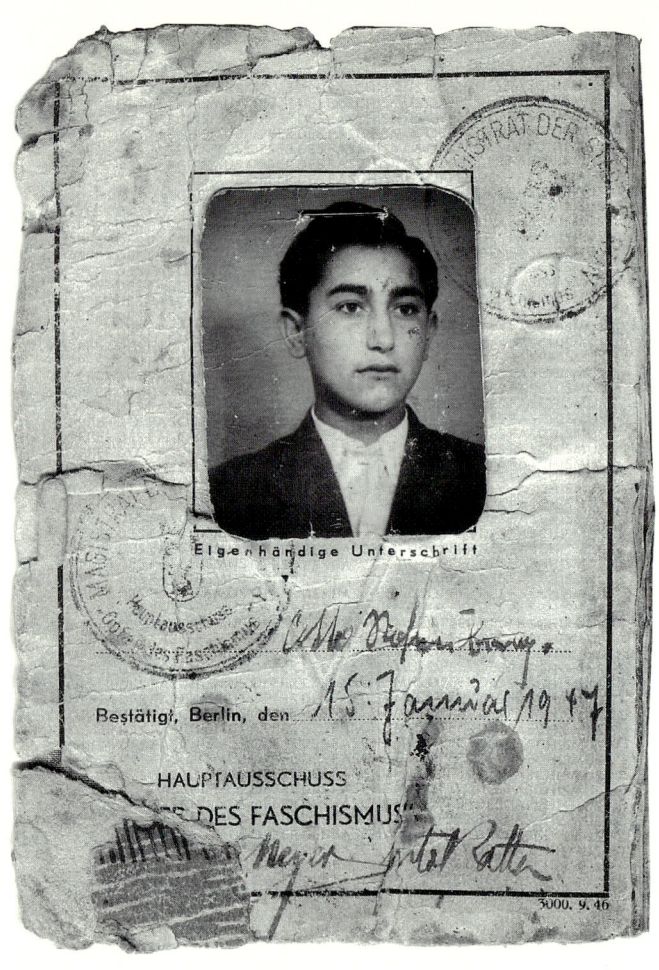

Otto R.
Ausweis als Opfer des Faschismus.

Wenn man zu diesen ehemals feinen Leuten etwas sagte, reagierten sie ruhig und sacht. Das kommt aber in einem Gefangenenlager nicht so gut an. Da muß man, wenn man nicht den entsprechenden Posten hat, mit den Wölfen heulen, da muß man mitarbeiten. Aber die konnten das einfach nicht. Sie waren so zart besaitet und sind dann auch meistens kaputtgegangen. Wenn sie nicht arbeiteten, bekamen sie nur Schläge. Nun können Sie sich ja vorstellen: Erstens mal tun die Schläge weh, und dann noch dieses: Ich bin Lehrer, und hier werde ich von so einem gemeinen Soldaten geschlagen oder von einem gemeinen Vorarbeiter.

Die Soldaten haben schlimm geschlagen, ja, aber ich muß sagen, daß die Häftlinge mehr geschlagen haben. Wer etwas zu sagen hatte, hat noch mehr geschlagen als die Soldaten.

Ich hatte eine Spezialschippe, die hatte ich mir rausgesucht. Sie lag mir schön in der Hand. Sie hatte kein großes, sondern ein kleines Blatt. Beim Abstechen und Schippen war das bequemer. Lieber zweimal schippen, aber leicht. Ich versteckte sie nach der Arbeit und schob sie irgendwo drunter, damit ich sie wiederbekam. Denn wenn es hieß, Arbeitszeug holen, rannten alle los und nahmen, was dalag. Manchen war es egal, was sie bekamen, aber mir war das nicht egal. Mit dieser Schaufel machte mir das Buddeln sozusagen Spaß. Mit ihr konnte man den weißen Kiesboden schön abstechen. Der Kapo und der Obermeister legten Wert auf eine schöne glatte Schachtung. Bis in achtzig Zentimeter Tiefe mußte man die Wände nicht abstützen, aber wenn man tiefer ging und keine glatte Wand hatte und schlug dann Querbalken ein, brachen die Höhlungen aus. Also wollte es der Kapo ziemlich genau haben. Ich freute mich selbst, wenn der Graben schön gerade war. Mensch, prima.

Eine Zeitlang hatte ich keine Schuhe mehr. Ich nahm

Pappe, durchbohrte sie mit rotem Sprengdraht und wickelte sie um die Füße.[34]

Meier hatte ein zweites Paar Holzschuhe, aber er wollte Brot und Wurst und Butter dafür haben. Ich sagte:

»Ja, ja, selbstverständlich. Aber ich kann jetzt nicht. Hab ich jetzt nicht.«

Als ich sah, daß er die Schuhe mit zur Arbeit nahm, dachte ich mir: Mensch, das geht doch nicht! Wenn das der Blockälteste sieht, oder der Kapo oder der Vorarbeiter, der nimmt ihm die doch weg, und dann bekommt er Senge!

Als ich nun eines Tages auf Arbeit meine Schippe aus ihrem Versteck holte, sah ich im Schnee eine Spur, die von der Bude abging, wo die Werkzeuge lagen. Ich folgte ihr, fand die Schuhe, steckte sie mir unter die Jacke und gab sie meinem Onkel, dem Julius. Er gab mir dafür die seinen. Sie waren zwar nicht mehr viel wert, aber ich richtete sie mit Draht und Pappe. Ich gab ja nie Ruhe, immer versuchte ich, das Beste aus allem zu machen.

Meier kam sofort zu mir:

»Du hast meine Schuhe gestohlen!«

»Wie kannst du so etwas sagen? Ich weiß doch gar nicht, wo deine Schuhe sind.«

»Ich hab die Spur gesehen, das sind deine Füße.«

»Das war ich nicht, das muß jemand anderer gewesen sein.«

Naja, er bekam sie nicht wieder.

Was aus ihm geworden ist, weiß ich nicht. Ich weiß nicht, ob er erfreut gewesen wäre, mich wiederzusehen.

Einmal mußte ein Hydrant aufgedreht werden. Der Winter '44/45 war eiskalt.

»Wer macht das?«

Otto hat sich wieder gemeldet. Ich stieg die Eisensprossen hinunter in den tiefen, viereckigen Schacht, schlug das Eis auf und machte den Hydranten frei.

Zwischendurch kletterte ich immer wieder nach oben, trampelte mich warm und stieg dann wieder hinunter. Aufgedreht haben wir dann, glaube ich, gemeinsam. Der Meister setzte den Schlüssel an. Er war ein Riesenkerl. Und dann kam das Wasser.

Ich bekam einen Gutschein für eine Mark oder eine Mark fünfzig. Eine Mark fünfzig war das Höchste. Dafür konnte man sich im Lager Sauerkraut holen oder Tabak.

Wenn wir ein Rohr legten, faßten acht oder zehn Mann an. Unter uns war so einen schrotiger Mann aus Ost- oder Westpreußen:

»Ich. Geht da weg.«

Dann faßte er alleine an. So ein Rohr! Er hat es angehoben. Das konnten wir natürlich nicht.

Ich fand, daß in der ganzen KZ-Zeit die Russen die Menschen waren, die den größten Zusammenhalt übten. Den gab es so bei den Sinti nicht, bei Roma nicht, bei den Juden nicht, den gab es so auch anderweitig nicht, auch nicht bei den Franzosen.

Aber bei den Russen stellte ich immer fest: So ein Riesenzusammenhalt! Wenn wir vom Lager in die Waggons eingeladen wurden, dann waren die kaum drin, da haben die sich eng umschlossen und sangen ihre Freiheitslieder. Und da kam unsere Wehrmacht oder SS und schlug mit Gewehrkolben dazwischen, da hat die Heide gewackelt. Aber die Russen ließen nicht nach. Wenn jemand von ihnen fiel, hoben sie ihn auf und sangen weiter, bis es der Wehrmacht und der SS über wurde, so daß sie sagten:

»Laß sie machen.«

Die Russen hatten richtig dicke Köpfe. Die andern waren ausgemergelt, und sie waren so richtig dick und fett. Ich wunderte mich, und da beobachtete ich, daß sie immer etwas in den Mund steckten. Immer aßen sie etwas, wie die Eichhörnchen, so dreieckige Körner. Ich ging an sie ran.

»Was ist denn das? Gib mir mal eine.«

Das waren Bucheckern. Und wissen Sie was? Die habe ich die ganze Zeit gegessen, wenn ich draußen arbeitete. Ich hatte beide Taschen voll. Das kräftigt, da ist reines Öl drin.

Vor allem achtete ich immer darauf, daß ich mich sauber hielt. Im Lager schliefen wir auf Papiersäcken, die mit Holzwolle gefüllt waren.[35] Sie waren voller Läuse, voller Flöhe, voller Wanzen. Wenn ich auf Arbeit war, zog ich meine Sachen aus. Wir machten immer Feuer draußen. Ich mußte ja auch Dinge verbrennen. Da habe ich meine Sachen über das Feuer gehalten und gedreht. Dann ließen sich die Wanzen und all das fallen, wegen der Hitze. So kam ich fast sauber wieder ins Lager zurück.

Es gab draußen auch ein kleines Rinnsal, wo ich mich wusch, mittags, sobald ich ein bißchen Zeit hatte. Im Waschraum mußte man schnell sein. Wenn man sich nicht schnell genug wusch, schoben die anderen schon. Sie bekamen nämlich von hinten Schläge, also drängten sie die vor ihnen hinaus. Ich war eigentlich sehr flexibel, sehr schnell. Und ich war nicht sehr groß. Wenn die SS oben draufschlug, wurde nie ich getroffen, immer die anderen. Außerdem machte ich mich noch ein bißchen kleiner, also, das hat dann schon sehr geholfen.

In Ellrich lernte ich das einzige Mal einen SS-Mann kennen. Naja, kennengelernt ist zuviel gesagt.

Er sagte irgendwas, und ich antwortete ihm.

Und dann sagte er:

»Woher kannst du Deutsch?«

Er war das wahrscheinlich nicht gewöhnt.

»Naja«, sagte ich, »ich komme aus Berlin.«

Er kam näher und sagte:

»Ach, von wo denn da?«

Ich beschrieb es ihm, aber er wußte damit wohl nichts anzufangen. Naja, gut. Wir arbeiteten jedenfalls weiter, und er lief weiter hin und her. Dann fand ich ein eingewickeltes Stück Brot bei mir im Graben. Ich wußte ja nicht genau: Ist es von ihm oder nicht. Dann warf er einmal eine große Zigarrenkippe zu mir rein. Ich zog daran. Mir wurde ganz buttlich. Ich dachte schon, jetzt kipp ich um. Ich habe ja nicht geraucht, bloß mal probiert.

Und dann wurde jemand gebraucht. Die SS-Leute auf dem Berg hatten Hunde, und der zuständige Mann war ausgefallen. Der SS-Mann hatte wohl mit dem Kapo gesprochen, ob er mich abkommandieren könne. Bloß über Mittag, die Hunde füttern.

Der Kapo rief mich aus dem Graben und ging mit mir zu dem SS-Mann. Ich sagte meine Nummer und:

»Zur Stelle!«

»Die Hunde brauchen frisches Wasser, die Hunde brauchen ihr Mittag. Da ist Hundekuchen, da brauchen sie pro Mahlzeit je einen Kuchen, manchmal zwei.«

»Jawoll! Alles wird gemacht.«

Am ersten Tag war nichts zu machen. Der SS-Posten war dauernd dabei und paßte auf. Aber ich führte die Arbeit wahrscheinlich zufriedenstellend aus. Also hat er sich dann nicht mehr so um mich gekümmert.

Immer wenn ich den Hunden das Fressen reinschob, dicke Jagdwurstscheiben und Fleischstücke, dachte ich:

»Wenn wir das kriegen würden!«

Der SS-Posten war weg, und die Hunde waren so kiesätig, die fraßen gar nicht.

Ich nahm meine Menaschja, tat das Essen hinein und schob sie wieder unters Hemd. Später dann, wieder beim Graben – zu unserer Arbeitsstelle war es ja nicht weit –, versorgte ich meine Leute. Erst mal habe ich gegessen.

Hundekuchen schmeckt ja wie Nuß. Besseren Hundekuchen habe ich mein Lebtag nicht gegessen wie da. Man lacht, aber das ist so.

Ich weiß nicht, wie lange ich dazu abkommandiert war, aber ich fraß mir so einen Kopf an. Also wieder ein neuer Aufschwung zum Überleben …

Bei der Gawabau hatten wir einen Zivilmeister. Er nahm uns ein paarmal mit zu seinem Haus, zwei oder drei Mann von unserem Kommando. Ein SS-Posten war mit. Dort legten wir Drainagen. Ich bekam dort ein Glas Milch von der Frau oder der Mamsell. Ich durfte ja nichts annehmen von denen, und man durfte auch nicht mit uns sprechen. Ich arbeitete unmittelbar am Fenster und guckte so. Da stellte sie mir die Milch hin. Zuerst arbeitete ich weiter, dann nahm ich es. Das war, wie wenn der Himmel die große Sonne scheinen läßt, und es regnet Mairegen – so ähnlich war das, so eine Freude: Ach, es gibt doch noch gute Menschen!

In der Zeit, als ich in Woffleben arbeitete, habe ich miterlebt, wie drei Mann gehenkt wurden.

Wir marschierten wie so oft von Ellrich aus zum Bahnhof. Dort ging es in die Güterwaggons, und wir fuhren bis Woffleben. Wir marschierten wieder ein Stück, und dann ging es auf den Platz.

Rechts lagen die Stollen, wo an der V2 gearbeitet wurde. Alles war abgeriegelt, mit Hunden und Maschinengewehren. Es waren auch viele Türme da.

Dort haben sie die drei gehenkt, und zwar wegen einem kleinen Treibriemen.

Die Förderbänder hatten einen Motor, und der hatte einen kurzen Treibriemen. Etwa vierzig mal vierzig Zentimeter.

Der Treibriemen, um den es ging, war aber zerschlissen, der war defekt, den hatte man schon ausgewechselt. Einen solchen weggeworfenen Treibriemen hatten sie genommen, zerschnitten und unter ihre Holzschuhe genagelt, damit die länger hielten.

Man hat kurzen Prozeß mit ihnen gemacht. Auf dem Gelände Woffleben wurde eine Art Teppichklopfstange, eine Stange mit zwei Ständern, aufgestellt. In der Stange waren, glaube ich, Ringe eingeschraubt.

Soldaten marschierten auf. Das waren keine SS-Leute, das war Flug-Bodenpersonal. Sie trugen eine Möwe an der Uniform. Manche hatten gelbe Spiegel, manche rote Spiegel, und auf diesen Spiegeln war eine Möwe – später bekamen sie dann von der SS die grauen Oberschar- und Unterscharführer-Uniformen. Und von diesen Soldaten las einer laut aus einem Papier vor:

»Wegen Sabotage ...«

Da mußte ich daran denken, daß ich ja auch wegen »Sabotage« verurteilt worden war.

»... haben sich am Eigentum des Volkes ...«

Und so weiter. So eine Litanei wurde da aufgezählt.

Wir mußten uns alle um den Galgen herum aufstellen. Die Arbeiten wurden überall unterbrochen. SS mit Hunden und Maschinengewehren und Posten, zusätzlich aufgestellte Posten, beobachteten alles von oben. Und so wurden die drei laut Kriegsgesetz zum Tode verurteilt, mit sofortiger Wirkung. Man stellte sie auf eine Kiste, drei Mann, einen Polen, einen Russen und einen Sinto, oder Roma – das kann ich nicht genau sagen.

Jedenfalls hatten sie ein Stück Holz im Mund, mit rotem Sprengdraht hinter dem Kopf zugebunden, und die Hände gefesselt auf dem Rücken, auch mit Sprengdraht.

Und nachdem der Soldat das Urteil verlesen hatte, wurden einfach die Kisten weggezogen, und dann haben sie gehangen. Der Henker war ein Lagerkapo. Es hieß, wenn er die drei henkt, dann ist er frei, dann kann er nach Hause. Er hat alle drei gehenkt.

Sie strampelten ein bißchen, dann war es aus.

Danach mußten wir Kolonne für Kolonne angetreten, der Kapo voraus, an den Toten vorbeimaschieren und zu ihnen hochgucken. Wer nicht richtig hinguckte, wurde genommen und gegen die Toten geschmissen. So marschierten wir an den Toten vorbei.

Sie wurden später abgeknüpft. Als ich hinterher in der Nähe arbeitete, sah ich beim Herumlaufen die Knebel liegen, die Hölzer, den Draht. Ich hob sie auf und steckte sie in die Tasche. Ich weiß nicht mehr, ob es alle drei waren, aber ich dachte:

Da hast du mal einen Beweis.[36]

Noch Tage und Wochen trug ich diese Knebel in der Tasche herum.

Wie ich schon sagte: Abends fuhren wir mit dem Zug nach Hause und morgens zur Arbeit.

Unter uns war ein älterer Mann mit seinem Sohn. Ich war krank gewesen und hatte meine Kartoffeln nicht essen können. Als ich sie nun schälte, wollte er von mir eine Kartoffel. Ich gab ihm aber keine. Es hat ja jeder das gleiche bekommen.

Er nahm mir aber die Schalen. Und dann hörte ich, wie er zu seinem Sohn sagte – mein Onkel hörte es auch:

»Ach, mein Junge, hier kommen wir sowieso nicht mehr raus. Weißt du was? Wir werden uns das Leben nehmen. Wir gehen unter den Zug.«

Der Junge sagte noch:

»Ach nein.«

Er möchte das doch nicht.

Wir fuhren morgens zur Arbeit und dachten nicht mehr an diese Geschichte. Ich und Otto Schmelzer, der heute tot ist, hatten gehört, daß mit dem Zug etwas passiert war.

Der Kapo Katschka kam auf uns zu.

»Du und du, ihr kommt beide mit. Nehmt euch eine Trage.«

Es war ein Mörtelkasten, worin man Speis einrührt.

Wir waren zu viert: wir, der Kapo und ein SS-Posten.

Jetzt hörten wir, daß einer von unserem Kommando unter den Zug gesprungen war.

Es ist so sonderbar, daß diese Dinge immer mir passieren mußten.

Wir gingen die Schienen entlang, und dann haben wir ihn gefunden, da ein Stück, da ein Stück, da ein Stück. Das mußten wir nun alles in den Kasten räumen. Ich sagte zu Otto Schmelzer:

»Weißt du was? Das ist wahrscheinlich passiert, weil ich ihm keine Kartoffel abgegeben habe.«

Ich empfand das jedenfalls so.

Und ich dachte:

»Wenn ich das gewußt hätte, hätte ich ihm doch eine Kartoffel gegeben. Aber nun ist es zu spät.«

Nun war der Junge alleine. Er lebte später in Hamburg. Ich habe von ihm gehört, und ich habe ihn auch besucht.

Aber wir haben nicht darüber gesprochen. Das war alles noch zu frisch.

Ich könnte es auch jetzt nicht so erzählen, wenn es jetzt nicht schon so viele Jahre her wäre. Zu Anfang mußte ich bei jedem dritten Wort eine Pause machen. Es hat mich so ergriffen. Ich konnte von meinen Eltern und von meinen Geschwistern überhaupt nichts erzählen. Das ging überhaupt nicht.

Wenn Feiertage waren, saß ich entweder in der Ecke, oder ich weinte oder trank, und dann wurde es noch schlimmer. Das geht jetzt erst, jetzt geht das erst. Jetzt kann man da besser drüber reden. Obwohl das sowieso nicht vorbeigeht. Ich habe Fotografien, da stecke ich immer Kerzen an.

Das ist der einzige Trost, den man noch hat: an seine Menschen denken.

Wie das, was von der SS und, wie man so sagt, von Deutschen wie du und ich getan wurde, überhaupt geschehen konnte, das übersteigt den Horizont. Das begreift niemand. Niemand weiß, warum Menschen so sein können. Auch wenn ich einen Befehl habe, muß ich ihn nicht ausführen, nicht so kraß. Wenn ich einen Befehl habe, dann kann ich auch mal jemanden laufenlassen. Und ich meine, es gab sehr viele deutsche Soldaten, die auch gut waren. Aber die meisten von ihnen waren schlecht. Die meisten waren schlecht. Ich hatte vorher, wenn ich unsere Soldaten sah, im Bus oder in der Bahn, immer zu ihnen aufgeschaut.

Wenn ich mich an Marzahn erinnere ... Bei uns in der Nähe waren Soldaten, war die Flak stationiert. Wenn Flugzeugangriffe kamen, dann schossen sie, und ich fand das irgendwie interessant. Sie hatten für mich nichts Bedrohliches. Ich aß auch mit ihnen Mittag. Sie hatten nichts gegen mich, und dabei wußten sie doch, daß ich Sinto bin, daß ich da vom Platz war. Da war nichts. Aber ich mußte bitterböse erleben, wie schlecht die Leute waren.

In Ellrich hat man Leute in einen Stehbunker gesperrt, wenn sie irgendetwas getan hatten. Wenn wieder aufgeschlossen wurde, fielen sie meistens tot heraus. Einige haben es auch überlebt.

Die Leichen lagen immer zwischen Ellrich und der Fahrbereitschaft, bei der mein Cousin arbeitete. Ich ging oft zu ihm. Er half mir ab und an, mit Brot oder mit Suppe. Jetzt ist auch er schon tot.

Dort waren die Leichen aufgebahrt.

Und da passierte folgendes: Es fehlten immer die Hoden, die Geschlechtsteile. Das konnte sich keiner erklären.

Daraufhin wurden die Leichen beobachtet. Und da wurde derjenige erwischt.

Es war ein Russe gewesen. Er hatte die Hoden abgeschnitten und hatte sie gegessen.

Wir mußten auf dem Lagerplatz antreten und Appell stehen.

Der Kommandant sagte:

»Dieser Mann hat diese Leichen angefressen.«

Und daß dadurch eine Krankheit über uns kommen und das ganze Lager verseucht werden könnte.

Der Russe mußte beweisen, daß er es wirklich getan hatte. Er wurde auf ein Podest gestellt, und dort hat er diese Teile, da hat er diese Teile, nur mit Salz – da hat der das aufgefressen.

Der Kommandant sagte, wohlweislich:

»Ich möchte ihn verurteilen, aber ich verurteile ihn nicht. Ich übergebe ihn seinen Mitgefangenen.«

Seine Mithäftlinge waren ja auch Russen. Und kaum hatte der Kommandant das ausgesprochen, da holten die Russen den Mann schon vom Podest und packten ihn und brüllten mit hohlen Stimmen.

Sie warfen ihn hoch und traten auseinander, so daß er auf den Boden fiel, warfen ihn wieder hoch, und das machten sie etliche Male, bis er tot war.

Ja, er hat es vorgeführt. Er zeigte es auf dem Appellplatz. Er aß diese Leichenteile, die er herausgeschnitten hatte, vor versammelter Mannschaft. Ja, das hat er getan.

Otto Rose war dabei, er lebt ja noch.

Aber warum dieser Russe das tat, ob vor lauter Hunger, ob aus lauter Verzweiflung – vielleicht war er auch verrückt – man weiß es nicht.

Einmal kamen Tiefflieger in Woffleben. Da hieß es: Das sind die Engländer oder Kanadier.

»Oh Mann, die kommen vielleicht, uns zu befreien.«

Wir winkten und warfen noch die Mützen hoch. Auf einmal kamen die Flieger zurück, kamen im Sturzflug. Ich warf mich hinter die Lore, der eine hierhin, der andere dahin. In den Dreck, in den Matsch. Da waren das Stuka, die auf uns zuhielten und uns mit Maschinengewehren beschossen.

Obwohl es hieß, die Russen kommen immer näher, kam eines Morgens der Lagerführer und sagte auf dem Appellplatz:

»Wer sich freiwillig zur SS meldet, erhält seine Freiheit, Uniform und genügend zu essen.«

Erhält eine kurze Ausbildung, muß eben kämpfen.

Jung und unerfahren, wie ich war, dachte ich:

Da meldest du dich! So kommst du wenigstens hier raus und hast selbst eine Waffe in der Hand. Dann kannst du dich wenigstens verteidigen.

Ich wollte mich schon melden. Aber mein Onkel – er ist jetzt schon lange tot, Gott hab ihn selig – packte mich am Kragen, gab mir eine Ohrfeige und sagte:

»Junge, bist du verrückt? Jetzt wo die Russen schon fast da sind, wo alles zu Ende geht, kannst du dich doch nicht melden!?«

Gut, bin ich wieder zurück in die Reihe.

Viele meldeten sich zu den Dirlewanger.[37] So nannte sich das. Unter anderem auch Ernst Ewald, ein Cousin meiner Mutter. Er kam dann in russische Gefangenschaft. Wie das Schicksal so spielt: Kommt ins KZ, meldet sich freiwillig und landet dann noch in einem russischen Lager …

Wir hörten die Russen ja schon schießen. Da dachten wir: Unsere Freiheit naht, jetzt kommen wir raus.

Aber wir kamen nicht raus, im Gegenteil, wir kamen in Viehwaggons rein.

Wir wurden, ich weiß nicht wie lange, hin und her gefahren. Man wußte nämlich nicht, wo man uns unterbringen sollte. Kein Lager wollte uns haben. Daß sie uns nicht in die Luft sprengten, war ein Wunder.

Wir waren, glaube ich, mehrere Wochen in diesen Waggons: mein Onkel Florian, mein Onkel Julius und der Cousin, der bei der Fahrbereitschaft gewesen war. Wir blieben immer wieder stehen.

In den Waggons gab es keine Toiletten. Nichts war drin außer Stroh. Manchmal kam neues, aber es war kaum auszuhalten. Viele Leute sind da gestorben! War das ein Gestank und ein Dreck! Niemand durfte den Zug verlassen. Wer sich auch nur ein Stück vom Waggon entfernte, wurde von den Posten sofort erschossen. Es sind sehr viele Leute erschossen worden.

Einmal sind auch wir herausgeklettert.

Wir stiegen aus, bei einem Fliegeralarm. Die Posten, diese gefährlichen, starken Männer, schmissen sich in den Graben, Stahlhelm über dem Kopf. Da kletterte auch ich raus und kroch unter den Waggon.

Und als ich sah, daß andere Häftlinge auf die Mieten zuliefen, die da im Feld waren, Mieten mit Steckrüben und Roter Bete, da lief auch ich los. Die SS schoß. Rechts und links fielen die Leute hin, aber ich wurde nicht getroffen. Vielleicht legten sie auch nicht richtig auf mich an.

Auch ich holte mir eine Steckrübe oder zwei. Ich konnte ja kaum noch etwas tragen. Dann lief ich zurück, kroch wieder unter dem Waggon durch und krabbelte wieder hoch.

Meine beiden Onkel haben mir noch geholfen. Ach, und die freuten sich, daß ich wieder da war!

»Hier, ich hab' euch was mitgebracht hier.«

Und dann aßen sie erst mal die Rüben. Wir haben geteilt, wir haben gegessen. Dann haben sie noch für den Rest Tabak eingetauscht und haben geraucht. Ich rauchte nicht, ich brauchte ja keinen Tabak. Sie haben gequalmt. Ja, ich lache, und dabei war das alles bitter, bitter ernst.

Eigentlich war ich mit meiner Kraft schon am Ende. Wenn ich meinen Arm hochhielt, sah ich, das war nur noch Knochen, mit Haut überzogener Knochen.

Einmal sah ich neben den Geleisen, als wir standen, ein Pergamentpapier mit Bücklingsgräten. Weiß der Himmel, wie lange die da schon in der Sonne lagen. Ich wollte sie schnell essen, aber mein Cousin nahm sie mir weg und warf sie fort.

Wir waren schon keine Menschen mehr. Eher Tiere. Wir waren vierzehn Mann und bekamen ein Brot. Was ist denn das? Das ist so eine kleine Scheibe! Und einen Löffel Büchsenfleisch.

Letztendlich liefen wir noch ein Stück. Da haben diese tapferen Männer auch viele Leute erschossen, da sah ich, was das für schlechte Menschen waren.

IX.

In Bergen-Belsen angekommen, wurden wir in großen Steinhäusern einquartiert.[38] Das waren ehemalige Kasernen. Sonst alles wie gehabt, Stubendienst usw.

Ich muß sagen, ich war am Ende. Nur noch Haut und Knochen. Wir suchten hinter der Küche mit dem Stock Kartoffelschalen und brieten sie am Feuer, obwohl sie schon blau waren vom Schimmel. Das spielte alles keine Rolle mehr. Wenn man einen Knochen fand, wer weiß von wem, von einem Hund oder einem Tier, schlug man ihn kaputt und sog ihn aus, nur damit man ein bißchen Geschmack hatte.

Dann hieß es plötzlich, jeder von uns sollte eine große Büchse Fleisch bekommen, was undenkbar war. Dazu ließ die SS sich herab:

»Jeder kriegt eine Büchse Fleisch.«

Brot hätten sie nicht, Brot würden sie aber noch organisieren. Da dachten wir:

Oh, jetzt gehen wir guten Zeiten entgegen.

Dann lief die SS weg, und über Nacht standen Ungarn da. Die haben uns dann bewacht. Sie kümmerten sich aber sehr wenig um uns. Ein jeder lief hin, wo er hinlaufen wollte.

Ein SS-Mann wurde auf der Lagerstraße gelyncht. Das taten aber die von uns, die noch bei Kräften waren.

Gesehen habe ich das direkt nicht, aber ich hörte das Geschrei. Es passierte in unmittelbarer Nähe meines Blocks. Einem SS-Mann wurde die Pistole geklaut, und es gab einen Aufruhr. Die alliierten Truppen rückten an, und da sind dann die letzten Bewacher auch noch getürmt.[39]

Wer konnte, suchte die Freiheit. Auch mein Onkel Julius.

»Wir bleiben nicht mehr, wir hauen ab.«

Aber ich konnte nicht laufen. Mein linker Fuß näßte und tat weh. Die Holzschuhe hatten ihn aufgescheuert. Der Knöchel war total aufgeschwollen. Der Eiter lief raus. Außerdem wollten mein Onkel und die, die mit ihm waren, über ein Wasser. Ich nehme an, das war die Elbe. Und das Schwimmen habe ich nie gelernt. Also konnten sie mich nicht mitnehmen. Ich wäre auch beim Weglaufen nur ein Hindernis gewesen.

Außerdem hatte ich immer noch Angst, ich könnte einen Fehler machen.

Die Häuser, in denen wir lagen, waren schon leer. Ich war im Delirium.

Ich wußte nicht mehr, was überhaupt gespielt wurde. Mein Verstand hatte so gelitten, daß ich mich nicht mehr orientieren konnte.

Auf der Lagerstraße zu gehen, war unbedingt ein Todesurteil. Ich verließ aber trotzdem unseren Block. Ich ging die Lagerstraße entlang und in einen anderen Block hinein. Dort stieg ich die Treppe hoch, bis hoch zum Dachboden, und auf diesem Dachboden fand ich ein Pferd, ein Schaukelpferd, und dieses Schaukelpferd – ich war ja schwach und krank – schleppte ich die vielen Stufen hinab und ging mit ihm über die Lagerstraße zu unserem Block zurück, in meine Stube, stellte es vor meine Box und legte mich hin. Ja. Das hab ich denn da gehabt, dieses Schaukelpferd. Es hat ja niemand mehr kommandiert, es hat ja niemand mehr etwas gesagt.

Und dann kamen die alliierten Truppen ins Lager, und somit kam die Befreiung. Aber ich wußte nicht, was das für Truppen waren. Englische oder amerikanische oder russische? Ich kannte doch nur unsere deutschen Truppen. Die kannte ich. Und die Alliierten beschlagnahmten alles.

Wir durften nun von den Fleischbüchsen doch nichts nehmen. Es hieß, sie wären alle vergiftet. Wir waren böse, daß man uns die Büchsen wegnahm. Wir wußten ja nicht, was es damit in Wirklichkeit auf sich hatte. Man gab uns aber dann Trockenbrot oder Knäckebrot und kochte uns Schokoladensuppe oder etwas Ähnliches.

Ich hatte vor den Amerikanern und vor den Engländern und den Russen genauso Angst wie vor den deutschen Truppen, wie vor der SS. Ich hatte ja mit diesen Leuten nie zu tun gehabt. Ich wußte nicht: Wollten sie uns Böses, oder wollten sie uns Gutes? Ich war noch zu jung, um das alles richtig erfassen zu können.

Und dann habe ich mich doch auf die Füße gemacht. Wir zogen gemeinsam los: mein Onkel Florian, mein Cousin Willi und noch ein Mann, dessen Namen ich nicht mehr weiß. Ihnen schloß ich mich an.

Wir hatten noch immer die Sträflingskleider an und Holzpantinen, und die Angst steckte uns noch in den Knochen. Man wußte ja nicht. Es wurde überall geschossen. Da ratterte ein Maschinengewehr, dort hat jemand geschossen. Man war also nicht sicher.

Wir liefen in Richtung Lüneburger Heide. Auf einer kleinen Brücke über einem Wasser kamen uns zwei bewaffnete Männer entgegen, in kurzen Westen, mit Kappen. Heute weiß ich, es waren Engländer. Aber damals wußte ich das nicht.

Sie kamen zu uns heran. Und dann sagten sie:

»Auf der Brücke aufstellen!«

Sie sprachen Englisch. Sie stellten uns nebeneinander am Brückengeländer auf.

Jetzt dachten wir, das kann nichts Gutes sein, jetzt geht es uns an den Kragen.

»Warum, wir haben doch nichts getan.«

Wir verstanden sie nicht, und sie konnten uns nicht verstehen.

Und da dachte ich:

»Ach, lieber Gott, jetzt habe ich diese ganze Zeit, die Quälerei und das ganze Elend überstanden, und über alle Hürden bist du weggekommen – und jetzt kommen die und erschießen dich!«

Aber wir ließen uns aufstellen, die Gleichgültigkeit war bei uns vorhanden. Wir haben uns nicht gewehrt. Keiner von uns hat nein gesagt oder auch nur gefragt, warum.

Und da nahm der eine seine Maschinenpistole runter. Die Engländer hatten ja so kleine Dinger, die aussahen wie Blechspielzeug.

Ich schloß die Augen und wartete auf den Knall, auf das Ende. Aber es passierte nichts.

Da habe ich vorsichtig geblinzelt und mir dann schließlich erlaubt zu gucken.

Da gibt der seine Maschinenpistole dem andern, langt in die Brusttasche, holt einen kleinen Fotoapparat heraus und hat uns fotografiert!

Ich glaube, ich habe den Stein, der mir da vom Herzen fiel, richtig fallen hören: Haaach, die tun uns ja doch nichts!

Man kann sich das nicht vorstellen, wie es ist, wenn einem das Leben geschenkt wird.

Er fotografierte uns und lachte. Und dann griff er noch einmal in die Tasche und zog eine schmale Schachtel heraus, da waren drei oder vier Zigaretten drin. Und eine solche gab er jedem von uns.

Für das Foto würde ich heute was geben.

Und als wir dann noch ein Stückchen gelaufen waren, sah ich auf einer Anhöhe eine Gulaschkanone und ziemlich viele Soldaten. Sie hatten ihre Gewehre zusammengestellt. Deutsche waren es nicht. Jedenfalls sagte ich:

»Ich geh da rauf.«

»Komm weiter, Mensch, die nehmen dich fest.«

Aber ich ging trotzdem los und zeigte diesen Engländern oder Amerikanern die Nummer auf meinem Arm.

Da gaben sie mir Kekse und Suppe, Schokoladensuppe. Ich aß, und danach gaben sie mir noch ein Päckchen, wahrscheinlich ihre Rationen. Ich steckte meine Jacke in die Hose, band zu und packte alles voll.

Dann lief ich den Hügel wieder hinunter. Mein Onkel und die anderen waren schon ein Stück weitergegangen. Ich pfiff. Sie sahen mich, blieben stehen und warteten auf mich.

Ich sagte:

»Hier, los!«

Sie können sich ja vorstellen, wie schnell sie aßen, mit beiden Händen.

Es war ja das erstemal, daß wir sagen konnten: Jetzt können wir soviel essen, wie wir wollen!

Und wir haben uns gefreut, und ich habe auch noch mal herzhaft zugelangt.

Wir sind dann noch zirka drei Kilometer zu Fuß gegangen, und dann fiel ich besinnungslos um.

X.

Ich wurde erst in Celle wieder wach. Ich lag in einem Saal, in dem Betten aufgestellt waren, und sah Rotkreuzschwestern.

Ich wurde wach durch einen Wecker oder durch irgendein Klingeln. Ich wollte gleich aufspringen. Ich war ja immer konzentriert. Eine Klingel oder Ähnliches hieß: »Raus! Sofort raus!«

Das war für mich ein Zeichen, sofort dazusein, einsatzbereit zu sein. Ich wollte sofort hoch. Und ich weiß noch, daß mich beruhigende Hände runterdrückten.

»Sie brauchen keine Angst mehr zu haben, Sie sind jetzt frei. Es ist vorbei. Es ist vorbei.«

Aber ich konnte es noch nicht richtig fassen, daß alles vorbei war.

Ich bekam ganz wenig zu essen, sonst wäre ich wahrscheinlich daran gestorben. So wurde ich ganz langsam wieder aufgepäppelt. Wie ein Kind. Mein einziges Verlangen war Essen und Trinken. Und diese Freundlichkeit! Die Schwestern waren so liebevoll, so nett! Wir brauchten ja nicht nur Essen und Trinken, es ging ja darum, die Seele wieder gesunden zu lassen.

Nach mehreren Wochen fühlte ich mich dann schon wieder kräftiger. Die Angst, die mir immer noch im Nacken saß, hatte nachgelassen, das Gefühl des Ermordetwerdens und des Verbranntwerdens. Nun hielten wir Umschau. Wir stellten fest:

Die Gefahr ist erst mal gebannt. Wir sind in Sicherheit.

Ich machte mich dann mit meinem Cousin Willi auf den Weg.

Der ist, drüben in Köln oder irgendwo, verschwunden. Der ist nie wieder aufgetaucht.

Der Bekannte und mein Onkel, der jetzt gestorben ist, sagten:

»Ach, wir gehen noch nicht nach Berlin. Wir bleiben hier.«

Ich sagte:

»Ich muß sehen, ob jemand von meiner Familie lebt, was mit meinen Geschwistern ist.«

Mein Cousin war der gleichen Meinung.

Und was lag näher als Berlin? Das war unsere Richtung.

Wir marschierten mehrere Tage durch die Lüneburger Heide. Wir schliefen mal da, mal dort. Es war aber überall alles sehr unsicher. Es wurde viel geplündert und, wie ich schon sagte, geschossen. Wir wußten nicht, wo es herkam. Wir sahen viele Leute, die sich bewaffnet hatten. Aber wir taten dieses nicht.

Ich erinnere mich, daß wir an ein Bauernhaus kamen und an diesem Bauernhaus Essen verlangten – nicht so gütig, wie man das normalerweise macht. Wir forderten es.

In der Stube saß eine Frau mit mehreren Kindern. Sie weinte fürchterlich.

Man hätte ihr alles weggenommen, und sie hätte mit ihren Kindern nichts und sei auch nicht schuld am Krieg. Sie tat uns leid.

Sie sagte dann, wenn wir etwas essen möchten mit den Kindern, wenn wir vorlieb nehmen würden mit dem, was sie hätte, das würde sie uns gerne geben.

Es waren das sehr wenige Sachen, aber für uns waren sie großartig: Brot, Kartoffeln, Weißkäse. Wir setzten uns hin und aßen, und wir waren sehr zufrieden. Für uns war das ein fürstliches Essen.

Wir blieben dort mehrere Tage oder vielleicht auch ein oder zwei Wochen. Wir schliefen im Haus, wir aßen mit den Kindern zusammen, und die Frau hat für uns gekocht. Also ganz phantastisch.

Wir fingen dort ein Pferd ein.

Ich lief mit meinem Cousin über das Feld. Wir saßen ja nicht den ganzen Tag in der Stube. Und da kam uns ein Pferd entgegen.

»Paß auf! Du gehst so rum, ich geh so rum.«

Wir näherten uns langsam, also behutsam – sonst bekommt ein Pferd ja Angst und rückt aus –, ganz allmählich, immer Schritt für Schritt. Er so rum, ich so rum. Gut zugesprochen, die Hand ausgestreckt. Dann hatten wir es. Man greift mit einer Hand über die Nüstern ein und packt es mit der anderen am Ohr. Dann kann es nicht weg. Wir hatten ja keine Schnur, keine Leine, gar nichts. Wenn man ein Pferd über die Nase greift, dann ist das, wie wenn man eine Kandare ansetzt.

Wir beruhigten es und nahmen es mit auf den Bauernhof. Dort stellten wir es ein und gaben ihm Futter.

Wir spannten das Pferd vor einen dreirädrigen Pflug, setzten uns abwechselnd da drauf und beackerten ein Stückchen Feld.

Wir sprachen auch viel mit der Frau und spielten mit den Kindern.

Ich glaube, meine Erlebnisse auf diesem Bauernhof waren ausschlaggebend.

Als ich dorthinkam, war ich voller Haß gewesen und hatte den Vorsatz zu töten. Alle Leute umzubringen, nicht nur die, die uns im Lager gequält hatten:

Ihr habt uns als Deutsche nicht akzeptiert, und wenn wir jetzt rauskommen, dann werden wir euch Deutsche auch totmachen.

Wir waren ja noch viel zu schwach, um jemandem etwas zu tun, wenn auch der Gedanke da war. Aber mit der Zeit war dieser Gedanke ein anderer geworden.

Dazu muß ich daran erinnern, daß ich als Kind, als kleiner Junge, häufig das Christkönighaus besuchte. Ich hatte auch kurzzeitig ministriert, und es hatte dort ja auch das Vorhaben gegeben, den kleinen Otto zum Theologen zu machen. Pater Petrus, der Direktor Trüding, der Bruder Williges und wie sie alle hießen, sie hatten in mir so etwas gesehen, und ich war darüber ja auch sehr erfreut gewesen, und glaube, es wäre auch so gekommen, wenn das KZ nicht gewesen wäre.

Und nun erinnerte ich mich wieder an meinen Glauben, im Zusammenhang mit dieser Frau und den Kindern. Wir hätten sie ja totmachen können, uns wäre nichts geschehen. Wir wären weitergelaufen.

Ich war, als ich sie verließ, ein anderer Mensch geworden. Wenn auch noch nicht ein ganz normaler. Ein bißchen meschugge war ich immer noch.

Wenn ich das so sage, dann kommt in mir eine Angst hoch. Wenn ich jemanden umgebracht hätte, ich spüre das auf der Haut, ich hätte das nicht vergessen können.

Wir bedauerten es geradezu wegzugehen. Aber ich sagte:

»Wir müssen nach Berlin.«

Wir stapften also wieder durch die Lüneburger Heide. Es war sehr heiß, und wir kamen an eine Gastwirtschaft. Da war keiner mehr drin. Alles war leer. Wir fanden dort aber Malzbier, richtiges Malzbier. Wir tranken uns satt und packten dann die restlichen Flaschen in einen Soldatentornister, wie sie zu Haufen am Straßenrand lagen, zum Brot und zu einer großen Büchse Marmelade. In diesem Tornister waren auch die Löffel, die wir noch aus dem KZ hatten, und auch Messer.

Dann folgten wir einem Waldweg und stießen auf eine kleine asphaltierte Straße. Dort blieben wir stehen.

Eine Lastwagenkolonne nach der anderen fuhr an uns vorbei und unter anderem auch ein amerikanischer Jeep mit einem Schwarzen, der einen Fuß rausstreckte.

Ich hatte eine Malzbierflasche in der Hand und trank gerade, und da winkte ich ihm mit der Flasche.

Auf einmal bremste der, sprang aus dem Wagen und rannte auf uns zu. Da drehten wir beide uns um und fingen auch an zu rennen.

Die Angst, die wir in dem Moment wieder hatten, wir beide!

»Mensch, was hast du gemacht! Der hat bestimmt gedacht, du hast im gedroht! Jetzt kommt er zurück und macht uns fertig!«

Wir wollten davonrennen, aber der hatte so lange Beine. Er war schnell bei uns.

Er riß mir die Flasche aus der Hand, drückte meinen Kopf zurück, nahm die Flasche und hielt sie mir an den Mund. Und da trank ich.

Als er sah, daß ich trank, nahm er sie mir wieder weg und trank sie aus.

»Habt ihr noch eine da?«

Er sprach zwar Englisch, aber wir verstanden ihn sofort.

Dem hätten wir alles gegeben. Er nahm sie, trank sie ebenfalls aus und schmiß sie weg wie die erste. Dann nahm er uns mit zu seinem Wagen und gab jedem von uns ein Päckchen.

Als wir es aufmachten, waren Kekse drin, Trockenmilch, und auch Zigaretten. Ich rauchte ja nicht, und mein Cousin auch nicht. Das habe ich mir erst draußen angewöhnt.

Dann sind wir über die Straße weg und wieder in den Wald, und dann marschierten wir und marschierten.

Plötzlich sahen wir von weitem eine Kutsche auf uns zufahren. Hü, hü! Ein Geratter! Sie flog von einer Seite auf die andere, die Pferde waren schweißüberströmt. Russen. Aber keine Uniformierten, sondern ehemalige Häftlinge wie wir. Alle besoffen. Sie hielten an, stiegen ab und kamen mit angelegten Gwehren auf uns zu.

»Stoj!« Und: »Hände hoch!«

Einer von ihnen hatte Boxhandschuhe an, richtige Boxhandschuhe.

»Wir waren im Lager!«

Wir zeigten ihnen unsere Nummern.

»Tornister runter!«

Wir machten den Tornister auf, und sie schauten hinein. Da fanden sie die Marmeladebüchse.

Sie hatten richtige Dolche dabei, und damit schnitten
sie die Büchse auf. Dann löffelten sie erst einmal, und
dann haben sie jedem von uns auch noch einen Löffel voll
in den Mund geschoben.

Dann sprangen sie wieder auf die Pferde und rein in die
Kutsche. Eine rasante Kehrtwende, bumm, bumm, und so
galoppierten sie wieder davon.

Wir setzten unseren Weg fort und gelangten schließlich
in das Lager Salzwedel.

Das war ein Fliegerhorst gewesen. Nun war es ein eng-
lisches Auffanglager.

Dort wurden uns Pässe ausgestellt, da kamen mit roter
Tinte unsere Daumenabdrücke drauf.

Wir trafen dort auf viele frühere Häftlinge, auf Frauen
und Männer aus Ungarn, aus Rumänien, aus Holland, von
überall kamen sie her. Wir wohnten wieder in Baracken,
aber unsere Verpflegung war jetzt reichlicher bemessen. Es
gab genug zu essen und zu trinken. Wir bekamen braunen
Zucker aus Leinensäcken. Ich stopfte mir die Taschen voll
und aß laufend diesen Zucker.

Wir lernten dort zwei tschechische Frauen kennen. Die
eine hieß Pietka.

Wir wollten weg von diesem Lager, und so sind wir mit
den beiden Mädchen Richtung Berlin losgezogen. Nach
einer kurzen Strecke wurden wir uneins.

»Die bringen uns noch in Teufels Küche.«

Und so kehrten wir wieder um.

Es gab in Salzwedel einen Mann, der wunderbar Geige spielen konnte. Und so machten wir Musik.

Ich lernte dann ein junges Mädchen kennen, eine Ungarin aus Kispest, und die nahm ich dann mit nach Berlin.

In Salzwedel waren wir ja, obwohl wir alles bekamen, auch nicht frei. Wir waren auch da registriert, schon wegen der Lebensmittel.

Wir konnten uns bewegen, wohin wir wollten, aber wir stießen immer nur auf Gefangene, auf Lagerinsassen. Und solange wir immer nur auf Lagerinsassen stießen, war unsere Gefangenschaft noch gar nicht vorbei. Mehr oder weniger hatten wir alle das gleiche Leid erlitten. Einige Mädchen hatten vielleicht noch viel schlimmere Erinnerungen als ich, weil sie von den SS oder von andern Soldaten vergewaltigt worden waren.

Wenn man bedenkt, daß unsere Soldaten, gerade die hochdekorierten, bei denen man doch annehmen muß, daß sie intelligente Leute waren, zu denen man gewissermaßen aufschaute, daß das Mörder und Verbrecher waren, die sich an wehrlosen Opfern vergingen!

Jedenfalls ging ich dann mit dieser jungen ungarischen Frau nach Berlin.

Als wir an die Elbe kamen, standen auf einer Seite, glaube ich, die Engländer und auf der anderen die Russen.

Es gab eine provisorische Brücke. Viele Autos standen herum.

Wir stiegen in einen Zug ein. Die Russen holten uns zwar zunächst wieder heraus und verhörten uns, aber ich konnte ja ein bißchen Russisch. Also ließen sie uns weiterfahren.

XI.

In Berlin angekommen, lief ich als erstes hinaus nach Marzahn. Zu Fuß, mit Rucksack. Aber das Lager war leer und zum größten Teil abgebrannt.

Gerade gegenüber vom Marzahner Platz hatte doch die Bauersfrau gewohnt, bei der unser Lehrer oft gewesen war. Sie war aber nicht mehr da. Es wohnte dort nun Frau Schwarz, unsere Kaufmannsfrau, die auf dem Platz einen Laden gehabt hatte. Ihr, ihrem Mann Walter Schwarz und der alten Mutter Schwarz hatte dieser Laden gehört. Ich traf aber nur die Tochter an, und sie sagte mir:

»Das Lager ist bombardiert worden.«

In Marzahn hatte es keine Luftschutzbunker gegeben, ich hatte die Fliegerangriffe dort ja noch erlebt. Ich hatte ja täglich unsere Flak besucht und dort oft von den Soldaten Essen bekommen. Die hatten mir doch von ihrem Brot immer abgegeben und wahrscheinlich ihre Witze über mich gemacht, ich weiß es nicht.

Jedenfalls sagte mir die Tochter Schwarz:

»Das Lager ist mit Brandbomben belegt worden.«

Aber sie wußte, daß die Leute, die dort noch gewohnt hatten, als hätten sie es geahnt, vor dem Angriff auf die Felder geflüchtet waren. Und daß einige von ihnen nun am Magerviehhof in Friedrichsfelde in irgendeiner Laube wohnten.

Ich suchte also die Friedrichsfelder Kleingartenkolonien ab.

»Wohnen Zigeuner hier?«

Ja, da und da.

In Karlshorst wohnten einige, die nicht im KZ gewesen waren, und die halfen mir weiter.

So traf ich meine Tante Camba wieder, mit der ich bei meiner Großmutter aufgewachsen war; deshalb war die Verbindung zu ihr sehr gut, und so ist es auch heute noch.

Sie hat sich gefreut, riesig gefreut.

Ich zog also in die Laube zu meiner Tante und zu meinem Onkel Paul Franzen und zu ihren Kindern.

»Komm rein, Junge.«

»Meine Frau?«

»Jaja, alles o. k. Komm rein.«

Ich phantasierte jede Nacht. Ich sprang auf, heulte und brüllte. Meine Tante dachte, ich wäre verrückt.

»Beruhige dich doch!«

Sie war nur in Marzahn gewesen, nicht in Auschwitz oder in Ravensbrück. Weshalb, kann ich nicht sagen.

So wohnten wir also in Friedrichsfelde, eine ganze Weile. Aber ob ich da auch gemeldet war, das weiß ich nicht.

Dann zog meine Tante von dort weg, und ich auch, in die ehemalige Frontkämpfersiedlung in Britz.[40] Die Bewohner waren alle Nazis gewesen und waren teilweise abgehauen oder rausgeschmissen worden. Einige Häuser standen leer.

Dort wurden wir reingesetzt. Am Grünen Weg da oben. Dort wohnte ich dann mit meiner Tante und mit ihrem Mann und mit meiner Frau.

Die Hausbesitzerin, Frau Ebert, kam uns besuchen. Wir gaben ihr zu erkennen, daß wir in ihrem Haus nicht bleiben wollten, daß sie also irgendwann wieder einziehen könnte. Wir hätten ja auf unserem Recht bestehen können, aber warum? Wir hatten dazu sowieso keine Lust. Es waren die meisten, die dort wohnten, doch Angehauchte. Sie grüßten zwar und sprachen mit uns, aber wir hatten doch ein ungutes Gefühl.

Ich meldete mich an und mußte zum Arbeitsamt, schon wegen der Lebensmittelkarten. Da steckten die mich gleich wieder in Arbeit! Gleich nach '45! Eine Arbeit ungefähr wie im KZ. Rohre verlegen. Das war mir zu schwer. Ich schaffte das nicht. Ich sagte:

»Das mache ich nicht mehr.«

Ich wurde zum Amtsarzt geschickt. Er sagte:

»Nein, kommt nicht mehr in Frage. Beantragen Sie einen Schwerbeschädigtenausweis.«

Wie schnell die wieder auf uns gekommen sind! Daß wir so schwer arbeiten sollten! Die Nazis saßen hinter den gleichen Schreibtischen, hinter denen sie vorher gesessen waren.[41]

Sie wollten von mir eine Geburtsurkunde, nachdem mir alle meine Papiere doch abgenommen worden waren!

Und in einem Ton! Wir waren noch dermaßen eingeschüchtert, daß wir sagten, bloß den Mund halten, die haben hier ja immer noch das Sagen.

Meine Frau verstand kein Wort Deutsch. Sie sprach nur ihre Sprache und Romanes. Sie war keine Sintezza, sondern eine Roma-Frau und hatte keine Lust, hier in Berlin zu bleiben.

Wir sind immer sofort losgefahren, wenn wir hörten, da ist noch jemand aus dem KZ, da leben noch Leute, und suchten nach ihnen. Meistens Fehlanzeige. So bin ich dann auch auf Polinnen getroffen, die in Ravensbrück gewesen waren.

Ich fragte sie nach meiner Mutter, nach Katza.

Und da sagten die:

»Ach, die Katza, ja, die kennen wir.«

»Ist sie tot, oder lebt sie?«

»Sie lebt. Sie hat gesagt, sie geht nach Berlin.«

Auf einmal hörte ich, meine Mutter lebt! Können Sie sich vorstellen, welche Freude das war?

Ich fand meine Mutter wieder.

»Mein Sohn lebt!«

»Was ist mit den anderen?« fragte ich.

»Von denen haben wir nichts gesehen. Die sind alle tot.«

Ich lebte dann auch einige Zeit bei meiner Mutter.

Meine Frau, mit der ich zusammenlebte, wollte immer nach Ungarn zurück.

»Németországban azaz nem jó – das ist nicht gut, hier in Deutschland zu bleiben.«

Sie konnte sich mit niemandem verständigen außer mit mir.

»Euer verflukter Nazibanda!«

Das waren die einzigen Worte, die sie auf Deutsch sagen konnte.

Sie hatte schwer gelitten, die arme Frau.

Eines Tages sagte sie mir, sie wolle nach Ungarn fahren.

Wir hatten einen Mann an der Hand, einen Deutschen, der fließend Ungarisch sprach. Der unterhielt sich dann mit ihr und regelte alles mit dem Konsulat. Sie ließ sich nicht aufhalten.

Meine Mutter hat sich auch mit ihr unterhalten:

»Mädchen, bleib hier.«

Meine Mutter war schwer krank. Sie hatte Lungentuberkulose, die sie aus dem Lager mitgebracht hatte. An den Folgen dieser Krankheit ist ja dann auch gestorben.

Ich sagte meiner Frau, daß ich nicht mit ihr nach Ungarn fahren konnte.

»Wenn etwas passiert, bin ich nicht da.«

Sie packte meinen Fotoapparat, meine Jacke und alles zusammen.

»Otto«, hat sie immer zu mir gesagt.

Da sagte ich zu ihr:

»Ja, ich komm dann nach.«

Ich hörte nichts mehr von ihr, bis meine Mutter starb. Ich verlor jeden Kontakt.

Wir fuhren von der Frontkämpfersiedlung aus hamstern und blieben oft die ganze Nacht und den ganzen Tag fort, um einen Zentner Kartoffeln heimzubringen, auch für

meine Tante und meine Mutter. Ich machte auch Schwarz-
marktgeschäfte.

Ich war oft auf dem Alexanderplatz. Der Alex und der
Rosenthaler Platz, das war ein Treff, ein Umschlagplatz für
alles mögliche, für Schwarzmarkt und Tauschgeschäfte.
Es gab dort alles zu kaufen, Weißbrot und Schwarzbrot,
Zigaretten, da wurde gekauft und verkauft, Lederjacken,
Ringe. Die deutsche Polizei machte natürlich regelmäßig
Razzien, fuhr ran, sprang ab und nahm den Leuten die
Sachen ab.

Es standen dort viele heimgekehrte Soldaten herum in
ihren verschmutzten Uniformen und mit zusammenge-
drückten Mützen. Ich gab ihnen jedesmal etwas, obwohl
ich doch hätte sagen müssen:

»Jetzt pfui Teufel noch mal, ihr Hunde!«

Ich brachte das nicht fertig. Sie taten mir so leid. Dem
einen fehlte ein Arm, dem andern ein Bein. Mitunter unterhielt ich mich auch mit ihnen.

»Vaterland«, sagte da so einer.

»Und kriegt ihr denn kein Geld?« fragte ich.

War wohl noch nicht alles reguliert.

Seine Frau, die sei mit einem andern abgehauen, die
wolle ihn gar nicht mehr sehen, die ließe ihn nicht mal
mehr in die Wohnung.

Um Gottes Willen, dachte ich, was muß der Mensch
ausgestanden haben, erst im Krieg und jetzt zu Hause.

Ich sagte zu ihm:

»Ich stand auf der anderen Seite. Ich war im KZ.«

Ja, von den Konzentrationslagern wollten einige gehört
haben, aber sie wollten damit nie etwas zu tun gehabt
haben.

»Ich war an der Front.«

Wenn Sie auf einen Friedhof gehen, da steht immer auf
den Steinen: Unsere gute Mutter, da ruht unser guter Vater, da ruht unsere gute Tante. Wo sind denn die, die nicht

gut waren? Gehen Sie mal über den Friedhof, und notieren Sie: Der war gut, der war gut, und der war auch gut. Die waren ja alle gut! Da wundere ich mich auch.

Berlin war ein Trümmerhaufen. Wir leisteten Aufbauarbeit wie die anderen Leute auch. Wir putzten Steine und legten sie auf einen Haufen. Viel hat man dafür nicht bekommen.

Mein Freund hatte dazu keine Lust. Also hieß es:

»Ja, Herr Adler, Sie müssen Aufbaustunden machen wie die andern auch!«

»Sie sind wohl verrückt geworden? Was? Ich komme hier aus dem KZ und soll Aufbaustunden leisten? Habe ich das kaputtgeschlagen, oder wer? Sollen doch die kommen, die das kaputtgeschlagen haben, und es wieder aufbauen.«

Aber wir haben Steine geputzt und Schutt weggeräumt. Berlin ist doch unsere Stadt. Mitunter fiel es nicht leicht.

Von Entschädigung oder Wiedergutmachung war damals ja noch gar nicht die Rede. Und als es dann soweit war, in den fünfziger Jahren, mußte ich bis vor das Landgericht. Es hieß, ich wäre kein echter Deutscher und hätte keine Bindung an die Stadt Berlin.

»Zigeuner. Wandertrieb. Hat keine Bindung an die Stadt Berlin.«

Mir hätten zwanzigtausend oder dreißigtausend Mark zugestanden. Schließlich boten sie mir aus einem Härtefonds neuntausend Mark an. Davon sollten aber fünftausend abgezogen werden, Sozialhilfe, die ich bekommen hatte, weil ich krank gewesen war. Für meine Geschwister, die in Birkenau gestorben waren, für meinen Bruder Max, für meinen Bruder Waldemar, der in Białystok im KZ war und umkam, für meinen Vater, der im KZ in Białystok war und über dessen Tod ich unterschiedliche Nachrichten habe, und für meine Mutter, die an den Folgen ihrer KZ-Haft starb, habe ich keinen Pfennig bekommen.

»Beweisen Sie, daß das Ihre Mutter ist, daß das Ihre Geschwister waren.«

Aber ich hatte von früher doch nicht einmal mehr eigene Papiere! Meine Geburtsurkunde hatte man mir doch weggenommen!

Von einigen meiner Geschwister aus der zweiten Ehe meiner Mutter wußte ich die bürgerlichen Namen nicht. Ich besorgte die Papiere, soweit das möglich war, und dann hieß es:

»Wir sehen hier eine Möglichkeit. Sie stellen einen Erbantrag, und dann sagen Sie uns, wo Ihre Mutter begraben liegt. Dann müssen wir eine Exhumierung vornehmen.«

Ich erinnere mich nicht mehr, was dann geschah. Es gab einen Riesentumult, ich warf den Schreibtisch um, einige Leute haben mich gepackt.

»Du fettes Schwein«, sagte ich. »Ihr seid doch alle Nazis. Meine Mutter, die soviel mitgemacht hat, die ihre ganzen Kinder verloren hat, die soll ich exhumieren lassen, damit ich dieses Blutgeld kriege!«

Ich habe schließlich auf alles verzichtet, nur um mit alldem nicht mehr konfrontiert zu werden.

Und so ähnlich ging das vielen von uns, oft weil sie nicht lesen und nicht schreiben konnten und nicht wußten, was ihre Rechte waren.[42]

Ich fuhr dann damals nach Eberswalde hinaus und nach Angermünde zum Hamstern. Wenn uns die Bauern nichts gaben, warteten wir bis zum Abend, gingen an die Mieten, füllten unsere Kartoffelsäcke und hauten ab.

Aber es ging dabei nicht nur um das Hamstern. Es hieß nämlich: Da leben sehr viele Sinti, die stehen da im Wald. Wir übernachteten bei Bauern.

Wir fuhren nach Waren an der Müritz und nach Röbel. Dort ging ich zum Bürgermeister und sagte:

»Wir suchen unsere Angehörigen aus dem KZ und müssen hier übernachten. Schreiben Sie uns einen Zettel aus, daß uns die Bauern etwas zu essen geben sollen.«

Denken Sie, die gaben uns etwas? Man mußte schon zu den Nachbarn gehen und mit denen reden.

»Der gibt nichts, der hat alles versteckt.«

Und dann gingen wir wieder zu dem, der uns nichts hatte geben wollen, und sagten:

»Passen Sie mal auf. Wir kommen hier zu Ihnen anständig. Sie sollen uns ein paar Lebensmittel geben, damit wir unseren Weg fortsetzen können. Wenn Sie das aber nicht machen, dann werden wir Sie beim Bürgermeister anzeigen. Wir wissen, daß Sie geschlachtet haben, daß Sie Wurst und Fleisch und Speck haben.«

Dann bekamen wir etwas zu essen. Viel war es nicht, aber es reichte.

In Röbel lernte ich ein Mädel kennen, das mir gefiel, eine Sintezza. Sie hat das aber verraten und ausgeplaudert. Ihre Mutter sprach mit mir. Nun mußte ich mich ehrlich zeigen, und da mir das Mädel auch gefiel, nahm ich es. Sie war auch in Ravensbrück gewesen und auch in Birkenau. Dort war sie mir aber nicht aufgefallen. Da waren ja so viele Menschen gewesen, und man war aneinander vorbeigegangen. Vor allen Dingen hätte ich sie auch nicht wiedererkannt. In Auschwitz hatten ja alle eine Glatze. Und nun hatte sie schönes Haar.

Wir waren dann sieben Jahre zusammen.

Ich blieb zunächst bei ihr und ihrer Mutter in Röbel, in einer Baracke im Wald. Dort wohnten auch noch andere Frauen aus ihrer Verwandtschaft, und dann kam auch zeitweise meine Tante aus Berlin nach. Der einzige Mann außer mir war deren Mann, Paul Franzen. Also jede Menge Frauen, aber keine Männer.

Es gab deshalb einige Male Probleme mit den Russen. Die wollten immer unsere Frauen haben.

Dann sagte ich jedesmal:

»Njet, njet, eta tziganka eto moja schena.« Nein, nein, das ist meine Frau!

Ich hatte ja vor den Russen keine Angst. Ich schlug mich herum mit denen, daß die Fetzen flogen.

»Das ist meine Frau und das auch!«

Und Onkel Paul:

»Auch meine Frau, auch meine Frau.«

»Alles deine Frau?«

»Jawoll, meine Frau!«

Eines Tages kam einer von ihnen in einer Kutsche auf den Platz gefahren, die Pferde hatten Schaum vor dem Mund und am Hals. Er war völlig besoffen.

Er sprang ab, ging in Kniestellung, lud seinen Karabiner durch und setzte auf mich an, um mich zu erschießen. Und ich glaube auch, er hätte mich erschossen, hätte er nicht Ladehemmung gehabt. Aber es hat nicht geklappt.

Im ersten Moment stand ich wie eine Säule vor Schreck. Aber dann habe ich die Situation gepackt, bin auf den Russen zugerannt, riß ihm den Karabiner weg, nahm einen Stein, schlug das Schloß zu, legte die Patrone richtig herum hinein, lud durch und habe ihm den Karabiner wieder in die Hand gedrückt.

»Nu ti bliad ruski.« Nun schieß mal!

Dann riß ich mein Hemd auf.

»Nu stelai ruski. Ja tzigan, ja ne boius.« Ich habe keine Angst, ich bin Zigeuner. »Ti durnoi ili schto?« Bist du blöd, oder was?

Da schmiß er den Karabiner hin, kam auf mich zu, hat mich umfaßt und geküßt und geheult wie ein kleines Kind.

»Ja nie znal, schto ti tzigan!« Er wußte nicht, daß ich Sinto bin!

Dann haben wir uns vertragen.

Aber dann schoß er in die Decke und auch in den Stroh-
haufen, in eine große Strohmiete, in der sich die Weiber
versteckt hatten, und ich lockte ihn zur Jauchegrube. Er
trug eine Taschenlampe am Knopf. Die riß ich ihm ab, riß
ihm den Karabiner weg, gab ihm einen Schubs, und da fiel
er in die Jauchegrube. Dann lief ich zur Kommandantur.
Dort wurde ich dann befragt, und es dauerte nicht lange,
dann waren die »Mongolen« da, mit einem Motorrad mit
Beiwagen, zwei Wagen, und die haben ihn dann gepackt
und verdroschen und ihn in den Beiwagen geschmissen
und sind dann mit ihm mit vollem Karacho weggefahren.

Als ich in den folgenden Tagen nach Röbel hineinging
und an der Kommandantur vorbeikam, kam er an das
Kellerfenster und sagte Schimpfworte, die waren so
furchtbar, daß ich sie unmöglich wiederholen kann. Ich
lachte nur. Die Situation war wieder einmal gerettet, und
die Russen kamen nicht mehr auf den Platz. Anordnung
der Kommandantur:

»Das sind Sinti, die waren im KZ.«

Das hatte ich dem Kommandanten alles erzählt. Wir
mußten noch vor ihm tanzen.

»Ah! Charascho!«

Wir kauften ein großes Pferd und einen Plattenwagen.
Den richteten wir her, mit Brettern an den Seiten. Und das
große Pferd verkauften wir an einen Metzger in Berlin.

Meine Mutter hörte, wo ich war, und kam:

»Komm mal hierher, weg da, das ist nichts für dich.«

Ich ging wieder nach Berlin und dachte an das Mädel.

»Mensch, ich fahr da einfach wieder hin!«

Ich zog mich an, legte meiner Mutter einen Zettel auf
den Tisch und fuhr wieder nach Röbel.

Das Mädchen freute sich, und ihre Mutter auch.

Wir lebten im Wald, so richtig, in einer Baracke, und ich
war nun am Feuer. Mein Anzug war voller Brandlöcher
von den Funken.

Meine Mutter fuhr mir nach und sagte:

»Mariazell, mein Junge, wie siehst du denn aus!«

Wie es eben bei alten Sinti so Mode war am Feuer. Das war ein anderes Leben.

Ich war ja nun ein Stadtjunge, und das mußte ich mir des öfteren auch von der Schwiegermutter anhören.

Ich hatte mir ein besonders schönes Pferd, ein Reitpferd, eingetauscht, den Hansi. Ich schor ihn kurz, und als ich ihn vor den Wagen spannen wollte, zerschlug er die ganze Vorderfront. Da sagte meine Schwiegermutter zu ihrer Tochter:

»Dein Stadtmann, der hat überhaupt keine Ahnung!«

Auf dem weichen Waldboden hatte das Pferd nicht gezogen, aber sobald es auf Asphalt war, tänzelte es. So etwas Schönes!

Aber es war eben doch ein Reit- und kein Zugpferd. Als ich die Peitsche nahm und sie ihm über die Ohren haute, dachte ich, es bringt uns um. Es sprang wie ein Hase.

Schließlich sagte meine Mutter:

»So geht es nicht!«

Ich nahm das Mädel mit nach Berlin, und sie wohnte bei uns. Sie war einfach und doch noch sehr jung.

Ich wollte sie mit in die U-Bahn nehmen. Das war ein Kampf, sie auf die Rolltreppe zu bringen! Das hatte sie noch nie gesehen, und da wollte sie auch nicht rauf.

Sie lernte schnell, und meine Mutter hat ihr alles gezeigt. Sie wurde sauber und ordentlich wie ein Buch.

Weil wir gemerkt hatten, daß in Berlin die Schlachter Pferde aufkauften, fuhren wir immer wieder raus, kauften draußen Pferde, spannten sie mit vor den Wagen, fuhren nach Berlin rein und verkauften sie. Davon konnten wir gut leben, bis der Magistrat die sogenannten Schlußscheine einführte. Von da an bekam das Pferd einen Stempel auf den Huf, und dieser Stempel mußte mit diesem Schein zusammenpassen, sonst durfte man das Pferd nicht nach Berlin bringen. Dann war es futschikato.

Wir fuhren immer zu mehreren und trafen dabei oft auf Russen, die mit ihren Panje-Pferden unterwegs waren. Wir haben Geschäfte gemacht, und sie auch. Sie fragten immer:

»Gdje ti rabotajesch?« – Wo arbeitet ihr?

»Artisti.« – Wir sind Artisten.

»A schto ti delajesch?« – Was macht ihr denn?

»Wir singen und tanzen.«

»Nu dawaj!« – Nu spiel mal, sing mal!

Gitarren hatten wir da. Mein Onkel Paul war ein höchst begabter Musiker, und der fing gleich an:

»Wichadila na bereg Katiuscha ...«

Dieses berühmte russische Lied. Da waren sie begeistert und haben auch mitgetanzt.

Bei einer solchen Gelegenheit wollte mir einmal einer der Russen ein Pferd verkaufen. Ob das ein Schimmel war, oder ob das der Graue war, das weiß ich nicht mehr.

»Wodka jest?«

Ob ich Wodka hätte. Ich antwortete:

»Ja, malo, malo.« Wenig, wenig.

»Jaja.«

Und da kaufte ich ihm für eine Flasche Wodka das Pferd ab.

»Charascho.«

Ich band das Pferd an. Wir aßen und fuhren weiter. Vielleicht drei, vier Kilometer. Auf einmal:

»Stoj!«

Ich sagte:

»Was ist denn jetzt los? Was will der denn?«

»Etot kon eto ne twoi!« – Das Pferd da ist nicht deines!

»Wer sagt dir das? Net, eto moi kon. Ein Kollege von dir hat mir das verkauft. Ja kupil na odnu budelku wodki.« – Das habe ich für eine Flasche Wodka gekauft.

»Ja Kommandant!« – Ich bin der Kommandant!

Da beschimpfte ich ihn auf Russisch, was er für ein Kommandant wäre. Und er regte sich auf!

»Ladno«, sagte ich. »Schon gut. Ich habe keine Angst. Ja tzigan, poni majesch?«

Ja, dann war wieder alles ein bißchen anders. Naja, und nun hatte er ja auch nichts zu trinken. Mit Ach und Krach habe ich ihm dann auch noch Wodka gegeben, dann war alles wieder gut.

Ich habe ja öfter mit den Russen getrunken, wodka po sto grammi, und Speck dazu gegessen. Wenn sie nüchtern waren, waren sie die besten Kumpel, aber sobald sie besoffen waren, durfte kein verkehrtes Wort fallen. Sie griffen sofort nach der Kanone.

Aber ich war damals, bedingt durch das KZ, überhaupt nicht ängstlich. Ich fürchtete mich nicht vor einer Pistole oder vor einem Messer.

Ich fand die Russen sympathisch. Ich finde sie heute noch sympathisch. Wenn ich russische Lieder höre, bin ich richtig weg.

Immer wenn wir sie trafen, sagten wir:

»Dai mnje Machork.«

Dann gaben sie uns Machorka, und wir rauchten. Meine Mutter auch.

Die Russen waren großzügig. Sie hatten Speckhosen an, und da faßten sie rein und holten Machorka. Und wenn wir deutsche Zeitungen haben wollten zum Drehen, hieß es:

»Germanskaja gazeta ne charascho, ruskaja gazeta, bumaga charoschaja.« – Das Papier der russischen Zeitungen sei besser.

So sind wir immer hin- und hergefahren, bis die Schlußscheine kamen. Danach ging das nicht mehr.

Aber da kam dann auch der Bruch zwischen mir und meiner Frau. Sie konnte keine Kinder bekommen. Man hatte ihr im KZ übel mitgespielt.[43] Da wir keine Familie waren, war kein rechter Zusammenhalt da.

Meine Großmutter war tot, mein Vater war tot, meine Geschwister waren tot, keiner war mehr da. Ich war allein und mußte in meinen jungen Jahren alle Entscheidungen alleine treffen. Das war oft sehr schwer. Zwei von meinen Großonkeln, der Anton und der Florian, lebten inzwischen in Berlin. Und das war eigentlich mein Halt.

Ich lernte damals dann meine jetzige Frau kennen, und als sie ihr erstes Kind bekam, fuhr ich zu meinen beiden Großonkeln nach Wittenau.

»Mensch, paß bloß auf«, sagten sie zu mir. »Guck dir das Kind genau an. Du mußt es wiedererkennen. In den Krankenhäusern tauschen sie die Kinder aus.«

»Um Gottes willen!«

Ich rief das Krankenhaus an.

»Hallo, Schwester, ich wollte mich mal erkundigen.«

Ich war ja noch nicht verheiratet.

»Ja, das Baby ist da. Freuen Sie sich, es ist ein strammer Junge.«

Ich sagte zu meinen Onkeln:

»Wißt ihr, jetzt habe ich einen Jungen.«

»Paß bloß auf«, sagten sie. »Du weißt ja, wie das ist mit den Krankenhäusern.«

Also fuhr ich hin, um meinen Sohn zu besuchen. Und wie der Teufel es will, sagte mir der Arzt:

»Entschuldigen Sie, aber da ist uns ein Fehler unterlaufen. Es ist kein Sohn, es ist eine Tochter!«

Ich war total durcheinander, ich war ja noch so jung und unerfahren.

Durch Zufall fand ich damals einen Brockhaus. Das hat mir sehr geholfen, in das hineinzufinden, was die Leute sagten, worüber sie eigentlich sprachen. Das war sehr wichtig.

Nach der Geburt meiner ältesten Tochter unterhielt ich mich noch einmal mit meiner damaligen Frau. Wir gingen auseinander, denn so hatten wir keine Zukunft.

Ich sagte zu ihr:

»Paß mal auf, ich habe jetzt ein Kind.«

Sie sagte:

»Komm mit dem Kinderwagen, bring das Kind her, ich will es sehen.«

Also habe ich das Kind zu ihr gebracht. Hinterher sagte sie:

»Wenn das Kind deine Augen gehabt hätte, hätte ich es genommen. Aber es guckt mich immer mit den Augen dieser Frau an. Da muß ich immer daran denken, daß ich im KZ war und daß mich Deutsche gequält haben. Und nun würde ich ihre Kinder mit großziehen. Du gehörst zu dem Kind und nicht mehr zu mir.«

Ich zog dann mit meiner jetzigen Frau und unserem Kind in meinen Wohnwagen, den ich in der Mainzer Straße stehen hatte. Im Winter war es so kalt, daß wir der Kleinen Fäustlinge anziehen mußten nachts im Bett. Aber es ging alles. Ich besorgte dann ja auch eine Wohnung.

Ich habe mit meiner Frau heute sieben Kinder und einige Enkelkinder.

Sie war in meinem Leben immer der ausgleichende Pol. Denn was mir andere Böses angetan hatten nach Willkür der Deutschen, das hat sie mir Gutes getan.

Am Anfang war es schwierig. Es trafen zwei Welten aufeinander, aber daß sie sehr lieb und geduldig war mit mir und den Kindern, das hat die Sache leichter gemacht. Ich ging viel weg in jungen Jahren und trank, habe aber nachher eingesehen, daß das falsch war. Man schadet dadurch ja der Familie.

Die KZ-Nummer ließ ich durch eine Tätowierung in Hamburg unsichtbar machen. Jetzt verdeckt ein Engel diese Schande. Die Nummer hatte mich immer gestört.

Die Kinder fragten ja dauernd, und so kam ich nicht zur Ruhe. Dauernd wollten sie diese Nummer sehen. Jetzt ist der Engel da, der schützt davor, daß sich all die schlimmen Dinge, die damals passierten, wiederholen.

Ich glaube, daß ich mit Gott so uneinig war, ja, das hat er nachträglich wiedergutgemacht.

Am 8. Juni 1953 habe ich meine Frau geheiratet. Mit Pfingstrosen, aber ohne großes Trara, mit Kartoffelsalat, ein bißchen Essen und Trinken.

Anmerkungen

1 »Rosenberg« oder auch »von Rosenberg« gehört zu den ältesten Familiennamen der seit Anfang des 15. Jahrhunderts in Deutschland nachgewiesenen Sinti. Ein gewisser Johannes Rosenberg, preußischer Soldat und Tschatschopaskero der brandenburgischen Sinti, stand 1802 im Mittelpunkt des Prozesses um die »Zigeunerverschwörung in Preußen«, der mit einem Freispruch endete. *(Gilsenbach, Reimar: Tschuttemann. Exposé. 1997. Ders.: Oh Django, sing deinen Zorn! Berlin 1993, S. 65)*

2 Die Einrichtung des Lagers Berlin-Marzahn, des ersten rassisch definierten faschistischen Zwangslagers in Deutschland, erfolgte ohne Rechtsgrundlage in Zusammenarbeit zwischen dem Berliner Polizeipräsidenten und der Stadtverwaltung und im Einvernehmen mit dem Rassenpolitischen Amt der NSDAP. Am 16. Juni 1936 meldete der Berliner Lokal-Anzeiger: »Berlin ohne Zigeuner«. *(Hohmann: Verfolgte ohne Heimat, S. 70f und Gilsenbach, 1993, S. 142)*
Selbst der »alte Kämpfer« Gerhard Stein, der im Auftrag des Berliner Polizeipräsidenten vor dem 26. 10. 1936 das Marzahner Lager untersuchte und glaubte, daß die Zigeuner bis 1918 einen König hatten, und vom »Zigeuner-Bastard« sagte, er sei »der übelste und minderwertigste Mensch, den man sich vorstellen kann«, »brutal und streitsüchtig, arbeitsscheu und verlogen, unehrlich und schmutzig und zur Trunksucht neigend, politisch natürlich mehr als nicht einwandfrei, nichtstuend als seine Umgebung aufwiegeln und aufhetzen«, kam um die Feststellung nicht herum, daß die Zwangsansiedlung die Insassen aus ihrem Gewerbe gerissen und brotlos gemacht hatte. Außerdem hielt er fest: »Der Platz befindet sich in unmittelbarer Nähe der Rieselfelder, die vor allem abends und bei gewissem Wetter üble Dünste herüberkommen lassen, die zeitweise unerträglich sind. Das Wasser des neu gebohrten Brunnens ist trotz Untersuchung in der Tat ungenießbar, so daß die Leute ihr Wasser meist im nahen Dorf holen. Am schlimmsten sind die Toilettenverhältnisse, ganz unzureichend für eine so große Zahl Menschen. Ich bin überzeugt, daß dort manche Krankheit übertragen wird.« *(Bundesarchiv, Außenstelle Berlin-Lichterfelde, Zsg 142, Anhang 29)*

3 Im November 1936 nahm die »Rassenhygienische und Erb-
biologische Forschungsstelle des Reichsgesundheitsamtes« unter
Direktor Dr. Robert Ritter in Berlin-Dahlem die Arbeit auf. Ritter
schuf eine der wichtigsten Voraussetzungen für den Holocaust
an den Sinti und Roma, indem er »Zigeunermischlingen«, im Ge-
gensatz zu den »reinrassigen Zigeunern«, »minderwertiges Erbgut«
unterstellte und sie als »hochgradig unausgeglichen, charakterlos,
unberechenbar, unzuverlässig sowie träge oder unstet und reizbar«,
als »arbeitsscheu und asozial« brandmarkte. *(Reemtsma, Karin: Sinti
und Roma. Geschichte, Kultur, Gegenwart, München 1996, S. 103 f)*
Eine von ihm skizzierte und wahrscheinlich von Eva Justin aus-
gearbeitete 42 seitige »Genealogie« des Hamburger und Berliner
Zweiges der Familie Rosenberg kennzeichnet seine Arbeitsweise.
Die Urgroßeltern von Otto R. sind als »Tschamperdis Freiwald« und
»Reina Klemens« nur skizziert. Die angebliche »Genealogie« dien-
te zur Erfassung der Familie und hatte nur den Zweck, sie der
Vernichtung zuzuführen. *(Bundesarchiv Außenst. Berlin-Lichterfelde,
R 165/160–120)*
Im März 1942 hatten Ritter und seine Gehilfen 21498 »Zigeuner
und Zigeunermischlinge« erfaßt. Ihre »Genealogien« und »gut-
achtliche Äußerungen« waren die Grundlage der fast vollständigen
Vernichtung dieser Menschen. *(Reemtsma, S. 105)*

4 Nach den zum »Asozialenerlaß« des Reichsinnenministers er-
gangenen Richtlinien vom 4. April 1938 galten »Landfahrer (Zigeuner)« als asozial, auch wenn sie ausreichendes Einkommen hatten
und nicht vorbestraft waren. Die Einweisung der Marzahner Männer in das KZ Sachsenhausen war Teil einer größeren Verhaftungs-
welle. *(Gilsenbach 1993, S. 90)*

5 Entsprechend Wilhelm Stuckart und Hans Globke: »Kommen-
tare zur deutschen Rassengesetzgebung«, Bd. 1, Berlin 1936, waren
»Juden und Zigeuner« »artfremden Blutes«. Bereits die »Ersten
Ausführungsbestimmungen zum Blutschutzgesetz vom 14. 11. 1935«
hatten »Zigeunern« die deutsche Staatsbürgerschaft abgesprochen
und Eheschließungen verboten. *(A.a.O., 88 f)*

6 Die Aufsicht über das Lager Berlin-Marzahn und über verschiedene andere »Zigeuner-Gemeinschaftslager« übte die Kriminal-
polizei aus. 1936 war beim Reichskriminalpolizeiamt die »Reichs-
zentrale für die Bekämpfung des Zigeunerunwesens« gebildet
worden, der die bei den Kriminalpolizeileitstellen neuformierten
»Dienststellen für Zigeunerfragen« unterstanden. *(A.a.O., S. 89)*

Sie hatten u.a. »zu kontrollieren, daß Zigeuner keine Straßenbahn benutzten, keine Haustiere hielten, keine Gaststätten besuchten, keinen Geschlechtsverkehr mit ›Deutschblütigen‹ ausübten, keine postlagernden Briefe empfingen.« *(A.a.O., S. 107)*

7 Leo Karsten war der Leiter der Berliner »Dienststelle für Zigeunerfragen«. Seine Kartei und ein winziger Teil seiner Akten liegen im Landeshauptarchiv Potsdam unter der Nummer Pr. Br. Rep. 30 Berlin C Tit 198 a 3. Zigeuner.

8 Die Großmutter von Otto R., Charlotte R., arbeitete als Komparsin in Leni Riefenstahls Film »Tiefland« mit. Wie die Filmemacherin Nina Gladitz in ihrem Film »Zeit des Schweigens und der Dunkelheit« (1982) aufdeckte, hat L. Riefenstahl in den Jahren 1941 und 1942 im Konzentrationslager Maxglan bei Salzburg eine Reihe von Sinti ausgesucht. Bei den Dreharbeiten standen die Komparsen unter polizeilicher Bewachung. Eine direkte Entlohnung der Komparsen aus Maxglan erfolgte nicht (Urteil des Landgerichts Freiburg/Br. vom 25. Juni 1985). In dem von ihr gegen die Filmemacherin angestrengten Verfahren legte L. Riefenstahl eine Abrechnung vor, aus der hervorging, daß vom 27. April 1942 an auch Sinti aus dem Lager Berlin-Marzahn für »Tiefland« beschäftigt wurden. »Am 6. April 1943 rechnete die ›Riefenstahl-Film GmbH‹ 3060,45 Mark als 15 prozentige ›Sozialausgleichsabgabe‹ für 68 ›Zigeuner‹ aus dem Marzahn-Lager ab. Nahezu alle Sinti, die auf der Liste aufgeführt sind, waren Anfang März 1943, also einen Monat vor der Riefenstahl-Abrechnung, in das Vernichtungslager Auschwitz-Birkenau deportiert worden.« *(Gilsenbach 1993, S. 167)*. Nach dem Krieg hatte L. Riefenstahl eine Reihe von Prozessen in dieser Sache gewonnen, wobei sie Maxglan als »Wohlfahrts- und Fürsorgelager« bezeichnete und den Lagerführer, SS-Sturmbannführer und Kriminalrat Dr. Böhmer als Gutachter einbrachte, der als solcher 1949 ausführte: »Keine einzige Stunde lang hat das Lager Salzburg/Maxglan jemals unter SS-Leitung, SS-Bewachung oder auch nur unter SS-Einfluß gestanden. Jede andere Behauptung weise ich als grobe Entstellung der Wahrheit und als gemeine Lüge schärfstens zurück!« *(Dr. jur. Anton Böhmer, Gutachten in einem Prozeß L. Riefenstahls gegen den Verleger Kindler 1949 in München, Fotokopie, Nina Gladitz Filmproduktion, Kirchzarten, 1985)*

9 Am 13. März 1942 ordnete der Reicharbeitsminister an, daß die »Sondervorschriften auf dem Gebiete des Sozialrechts« gegen die Juden auch für »Zigeuner« gelten sollten. *(Gilsenbach A.a.O., S. 90)*

10 Am 16. Dez. 1942 befahl Himmler, »Zigeunermischlinge« in das KZ Auschwitz zu deportieren. *(A.a.O., S. 90)*. Das Lager Berlin-Marzahn wurde am 1. März 1943 aufgelöst und nahezu alle Insassen in das Zigeunerlager Auschwitz-Birkenau deportiert. *(A.a.O., S. 179)* Im Lager blieben noch zwei von Ritter als »reinrassige Sinti- und Lalleri-Zigeuner« begutachtete Familien, die nach Himmlers Plänen mit sieben anderen Familien im Ödenburger Bezirk am Neusiedler See in einem Reservat angesiedelt werden sollten. *(A.a.O., S. 155)*

11 14. April 1943: »Aus dem Reichsgebiet ist ein Transport mit Zigeunern eingetroffen. Zwanzig Männer und Jungen erhalten die Nummern Z-6071 bis Z-6090 ...« *(Czech, Danuta: Kalendarium der Ereignisse im Konzentrationslager Auschwitz-Birkenau 1939–1945. Reinbek 1989, S. 468)*
Eintrag im »Hauptbuch des Zigeunerlagers«: »(Fortlaufende Nummer) 6084, (Haftgrund) Zig. D. R. (Zigeuner Deutsches Reich), (Name) Rosenberg, (Vorname) Otto, (Geburtsdatum) 28. 4. 27, (Geburtsort) Stallupöhnen, (Aufnahmetag im Lager) 14. 4. 43, (Bemerkungen) (Birk.) (18. 5. 43)« *(in: Gedenkbuch. Die Sinti und Roma im KZ Auschwitz-Birkenau. München u.a. 1993, Band 2)*
Das Hauptbuch des Zigeunerlagers ist durch die Tapferkeit der polnischen politischen Häftlinge und Rapportschreiber Tadeusz Joachimowski und Ireneusz Pietrzyk sowie ihres Mithäftlings Henryk Porebski erhalten geblieben, welche es angesichts der geplanten Vernichtung des Lagers aus der Lagerschreibstube stahlen, in Kleidungsstücke wickelten, in einen Eimer steckten und im Juli 1944 zwischen der Baracke 31 und dem Zaun zum Männerlager BIId vergruben. Am 13. 1. 1949 holten Mitarbeiter der Staatlichen Gedenkstätte Auschwitz in Anwesenheit von T. Joachimowski die Bücher wieder aus der Erde. *(Vgl. a.a.O., Band 1, S. XXXVII)*

12 »Jungen, die sie manchmal verschonten, benutzten die Nazis zuerst als Maurerlehrlinge bei Bau der Krematorien in Birkenau. Dieses Arbeitskommando wurde Maurerschule genannt.« *(Kraus, Ota und Kulka, Erich: Die Todesfabrik Auschwitz, Berlin 1991, S. 147f)*

13 26. Februar 1943: »Aufgrund des Erlasses des Reichssicherheitshauptamtes vom 29. Januar 1943 wird der erste Transport mit Zigeunern aus dem Deutschen Reich in das KL Auschwitz eingewiesen; es sind einige Männer, Frauen und Kinder angekommen. Sie werden in dem noch nicht fertiggestellten Lager im Abschnitt BIIe in Birkenau untergebracht, das den Namen Zigeunerlager BIIe erhält.« *(Kalendarium, S. 423)*

14 »Es handelt sich hierbei um Pferdestallbaracken mit der Typenbezeichnung OKH-Typ 260/9, die ursprünglich für 52 Pferde bestimmt sind, die in Birkenau aber 400 und mehr Häftlinge aufnehmen.« *(Gedenkbuch, S. 371)*

15 Florian R. wurde am 13.3.43 mit der Nummer 2725, Oskar R. mit der Nummer 4858 am 19.3.43, Werner August (Bodo) R. mit der Nummer 4860 am 19.3.43, Albert R. mit der Nummer 4976 am 24.3.43, Henry R. mit der Nummer 5455 am 28.3.43 und Anton R. mit der Nummer 9864 am 24.5.44 im Hauptbuch (Männer) registriert. Charlotte R. wurde mit der Nummer 5406, Therese R. mit der Nummer 5407 im Hauptbuch (Frauen) eingetragen. Der Aufnahmetag ins Lager wurde bei den beiden nicht verzeichnet.

16 »Am 10.7.1942 ordnete das Oberkommando der Wehrmacht an, ›Zigeuner‹ und ›Zigeunermischlinge‹ aus ›rassepolitischen‹ Gründen aus der Wehrmacht zu entlassen.« *(Reemtsma, Karin: Sinti und Roma, München 1996, S. 107)* In den Erinnerungen des Auschwitz-Kommandanten Höß heißt es: »Man hatte vielfach Fronturlauber verhaftet, die hohe Auszeichnungen hatten, die mehrfach verwundet waren, deren Vater oder Mutter oder Großvater usw. aber Zigeuner oder Zigeuner-Mischlinge waren.« *(KL Auschwitz in den Augen der SS. Höß Broad Kremer. Verlag des Staatlichen Auschwitz-Museums, 1973, S. 64)*

17 »Der Strafblock (Strafkompanie) war der Block 2 im Männer-Stammlager BIId, in dem sich die Juden befanden und das direkt an das ›Zigeunerlager‹ angrenzte … Die Häftlinge dieses Blocks trugen vorn und hinten einen großen schwarzen Punkt, die Fluchtverdächtigen außerdem noch einen großen roten Kreis.« *(Kraus/ Kulka, S. 91f)*

18 Am 22.11.43 wurde der SS-Untersturmführer Hans Schwarzhuber Erster Schutzhaftlagerführer des Männerlagers BIId. *(Kalendarium, S. 659)*

19 »Ende 1943 wurde die sog. ›Sauna‹ gebaut, ein Bad und eine Desinfektionsvorrichtung für Kleidung.« *(Tadeusz Szymański, Danuta Szymańska, Tadeusz Śnieszko: Das ›Spital‹ im Zigeuner-Familienlager in Auschwitz-Birkenau. In: Die Auschwitz-Hefte. Band I. Hg. vom Hamburger Institut für Sozialforschung. Weinheim und Basel 1987, S. 201)*

20 Lucie Adelsberger, eine Gefangene, die am 21. Mai 1943 ihren Dienst als Lagerärztin im Zigeunerlager antrat, erinnert sich in ihrem Buch »Auschwitz. A Doctor's Story«, Boston 1995, ebenfalls an diesen »well-meaning Kapo«: »Dieser Mann war ein politisch verfolgter Deutscher, der jedes freundliche Wort noch freundlicher erwiderte. Während sonst im Lager das Wasser nur sparsam und unter Schlägen zugeteilt wurde, ließ er generös das warme Naß in Strömen über unsere Körper fließen.« *(S. 86, dt. von U.E.)*

21 Die Mutter von Otto R., Elisabeth (Luise) R., war laut Ritters Genealogie in zweiter Ehe eine verheiratete Freiwald. Paul Freiwald, geb. 26. 10. 37 in Viersen, ihr einziger Sohn aus dieser zweiten Ehe, ist unter der Nummer 205 mit diesem Namen und Geburtsdatum unter Geburtsort »Fursen Rheinland« im Hauptbuch verzeichnet. Veronika Freiwald wurde mit der Nummer 249, Rosa Freiwald mit der Nummer 250 im Hauptbuch (Frauen) eingetragen. Der Aufnahmetag ins Lager wurde bei ihnen nicht verzeichnet. Der Sterbetag von Veronika F. ist unleserlich, der von Rosa F. (die als Sophie F. registriert wurde) nur teilweise lesbar (2. ?. 44).

22 »Nachdem Mengele im Mai 1943 eine Gruppe Fleckfieberkranke in die Gaskammern geschickt hatte, wiederholte er die Selektion von mit Fleckfieber infizierten Kranken nicht mehr. Statt dessen ordnete er ›Entlausungsaktionen‹ im Krankenbau und in den Wohnbaracken an. Im Krankenbau gingen diese ›Entlausungen‹ so vor sich, daß die Schwerkranken von den Pritschen gezogen und auf den ›Rauchabzugs-Ofen‹ gesetzt wurden, während die Decken und die Strohsäcke zur Desinfektion in die ›Sauna‹ geschickt wurden … Mehr oder weniger nach demselben Muster verlief die Entlausungsaktion im Lager, abgesehen von der Desinfektion von Kleidung und Bettzeug wurden die Zigeuner jedoch noch zu einem Bad in der ›Sauna‹ gezwungen und durften die Baracken erst wieder betreten, wenn die ›Entlausungsaktion‹ beendet war, die manchmal von früh bis abends dauerte.« *(Tadeusz Szymański u.a., S. 203)*

23 »Diese Männer und Frauen arbeiteten in den (von uns ›Kanada‹ genannten) Gebäuden, wo jene Habseligkeiten der Neuankömmlinge gelagert wurden, die sie auf der Stelle stehenlassen mußten … Was sich das Kanada-Kommando aneignete, stellte eine wertvolle Bereicherung des Lagerlebens dar …« *(Adelsberger, S. 75)* »Und dann gab es noch eine besondere Abteilung, deren spezielle Aufgabe ihr die Bezeichnung Sonderkommando eintrug … Diese Abteilung hatte die gräßliche Aufgabe, im Krematorium zu arbeiten. Soviel wir herausbekommen konnten, mußten diese Gefangenen alles sicher-stellen, was die Unglücklichen, die unmittelbar ins Gas geschickt wurden, in die Todeskammer mitgebracht hatten; Kleider ebenso wie jede letzte persönliche Habe ... Sie kamen manchmal in unser Lager, um zu baden ... Wenn sie ein, zwei oder drei Monate diese Arbeit verrichtet hatten, wurden sie selbst ins Gas geschickt, um ihr ewiges Schweigen sicherzustellen.« *(A.a.O., S. 79, dt. von U.E.)*

24 »Wir durften auch nicht wissen, daß es Krematorien gibt. Unsere Mama sagte und lehrte uns, was wir sagen sollen, wenn uns die SS-Männer fragen sollten. Dann sollten wir sagen: ›In diesem Kamin und in diesem Ofen dort wird für uns alle das tägliche Brot gemacht.‹ Doch wir wußten alle, um was es ging.« *(Stojka, Ceija: Wir leben im Verborgenen. Erinnerungen einer Rom-Zigeunerin. Hg. von Karin Berger. Wien 1989, S. 27f)*

25 Mengele hatte einen Arbeitsraum in der Sauna. *(Tadeusz Szymański u.a., S. 205)*

26 Kalendarium, 25. Mai 1943: »Der SS-Lagerarzt für das Zigeu-nerlager in Birkenau ordnet eine Lagersperre an, in deren Verlauf 507 Zigeuner mit den Nummer Z-7666 bis Z-8178 und 528 Zigeu-nerinnen mit den Nummern Z-8331 bis Z-8864 in die Gaskammern geführt werden. Darunter sind einige an Flecktyphus Erkrankte und mehrere hundert Flecktyphusverdächtige.« *(S. 503)* Ein Vergleich der entsprechenden Häftlingsnummern mit dem »Hauptbuch« ergibt, daß die Ermordeten hauptsächlich aus Polen, viele aus Białystok und Suwałki, und aus Rußland kamen.

27 Kalendarium, 15. Mai 1944: »In der Kommandantur des KL Auschwitz fällt der Beschluß, am nächsten Tag die Bewohner des Zigeuner-Familienlagers BIIe in Birkenau zu liquidieren. In dem La-ger BIIe sind etwa 6000 Männer, Frauen und Kinder untergebracht. Der derzeitige Lagerführer des Abschnittes BIIe, Paul Bonigut, ein Gegner dieser Entscheidung, gibt diese Nachricht heimlich an Zigeuner, denen er vertraut, weiter, damit sie sich nicht lebend aus-liefern.« 16. Mai 1944: »Gegen 19 Uhr wird im Familienlager BIIe in Birkenau eine Lagersperre verkündet. Vor dem Lager fahren Wa-gen vor, aus denen mit Maschinengewehren bewaffnete SS-Männer aussteigen und das Lager einkreisen. Der Leiter der Aktion gibt den Zigeunern den Befehl, die Unterkunftsbaracken zu verlassen. Da sie vorgewarnt sind, verlassen die mit Messern, Spaten, Brecheisen und Steinen bewaffneten Zigeuner die Baracken nicht. Erstaunt begeben

sich die SS-Männer zum Leiter der Aktion in die Blockführerstube. Nach einer Beratung wird mit einem Pfiff das Signal gegeben, daß die SS-Männer der Begleitmannschaften, die die Baracken umstellt haben, sich von ihren Posten zurückziehen sollen. Die SS-Männer verlassen das Lager BIIe. Der erste Versuch, die Zigeuner zu liquidieren, ist gescheitert.« (S. 774f)

28 Kalendarium, 23. Mai 1944: »In den Blöcken 10 und 11 im Stammlager werden über 1500 Zigeuner – Männer, Frauen und Kinder – untergebracht, die nach dem gescheiterten Versuch der SS, die Zigeuner zu liquidieren, aus dem Zigeuner-Familienlager BIIe in Birkenau ausgesucht worden sind. Die Selektierten sollen in andere Konzentrationslager im Reichsinnern überstellt werden.« (S. 781)

Kalendarium, 2. August 1944: »Am Nachmittag wird ein leerer Güterzug an der Eisenbahnrampe in Birkenau bereitgestellt. Aus dem KL Auschwitz werden 1408 Zigeuner und Zigeunerinnen, die aus dem Lager BIIe und den Blöcken 10 und 11 des Stammlagers ausgesondert worden sind, herbeigebracht. Sie sollen am Leben bleiben und werden deshalb in andere Konzentrationslager überstellt. Die Abfahrenden verabschieden sich durch den Zaun von den im Lager BIIe zurückbleibenden Zigeunern. Gegen 19 Uhr verläßt der Zug die Rampe in Birkenau ... Ziel des Zuges ist das KL Buchenwald.« (S. 838)

»Nach dem Abendappell wird im KL Auschwitz II Lagersperre und im Zigeunerfamilienlager BIIe Blocksperre angeordnet. Das Lager BIIe sowie einige weitere Wohnbaracken, in denen sich noch Zigeuner befinden, werden von bewaffneten SS-Männern umstellt. In das Lager fahren Lastwagen ein, mit denen 2897 wehrlose Frauen, Männer und Kinder in die Gaskammern im Krematorium gefahren werden. Nach der Vergasung werden die Leichen der Ermordeten in der Grube neben dem Krematorium verbrannt, denn die Krematoriumsöfen sind zu der Zeit nicht in Betrieb.« (S. 838)

29 Kalendarium, 3. August 1944: »Im KL Buchenwald trifft der Transport mit Zigeunern aus dem KL Auschwitz II, Birkenau ein. In dem Transport befinden sich 918 Zigeuner; unter ihnen sind 105 Jungen im Alter von neun bis 14 Jahren, 393 Jugendliche im Alter von 15 bis 24 Jahren, 330 Männer im Alter zwischen 25 und 44 Jahren, 59 Männer im Alter von 45 bis 64 Jahren; zwei Männer sind über 65 Jahre, ein Mann wird ohne Altersangabe genannt, fünf Männer sind nicht auf der Liste vermerkt. Die Frauen werden wahrscheinlich in Nebenlager eingewiesen.« (S. 840)

»Von der Gesamtzahl der 4183 Häftlinge, die aus dem Zigeunerlager in andere Lager überstellt wurden, sind … 1800 Zigeuner ab-
zuziehen, die wieder nach Auschwitz zurückgeschickt und in den
Gaskammern getötet wurden.« *(Tadeusz Szymański u.a., S. 207)*

30 Nach der Zerstörung der V1- und V2-Raketenproduktions-
anlagen in Peenemünde am 17./18. August 1943 durch einen engli-
schen Luftangriff waren in der Nacht vom 27. auf den 28. August
1943 aus Buchenwald in Lastwagen Häftlinge in die Umgebung von
Nordhausen im Südharz gebracht worden, um dort ein unter dem
Kohnstein bereits existierendes Tunnelsystem auszubauen *(Pachaly,
Erhard und Pelny, Kurt: KZ Mittelbau-Dora, Berlin 1990, S. 7f)*. Ziel:
Einrichtung einer Fabrik mit einer Produktionskapazität von 1800
Raketen im Monat *(ebenda, S. 65)*. Im Dezember '43 arbeiteten
bereits 10745 Häftlinge in diesem Lager *(S. 68)*. Täglich starben
rund 200 Häftlinge, zum Teil bei Massenerhängungen an den Lauf-
katzen *(A.a.O., S. 72f)*. Nach der ersten Serie von V1-Abschüssen
auf englische Städte in der zweiten Junihälfte 1944 war eine Senkung
der Sterblichkeit zu verzeichnen. Im August 1944 starben bei etwa
12000 Häftlingen hundert *(A.a.O., S. 95)*. Am 28. 10. 1944 wurde
das Lager mit 15000 Mann zum von Buchenwald unabhängigen KZ
Mittelbau-Dora erklärt *(Hg. Weinmann, Martin: Das nationalsozia-
listische Lagersystem. CCP. Zweitausendeins, ohne Ort und Jahr, S. 565
und 739)*.
»Im KZ Mittelbau-Dora befanden sich große Gruppen von Zigeunern. Die Statistik verzeichnet 1185 Zigeuner für den 1. November
1944. Am 20. Februar 1945 waren es im Außenlager Ellrich 365, die
das schwarze Dreieck trugen, und am 15. Dezember 1944 im Außenlager Harzungen 479. Diese Angaben lassen den Schluß zu, daß sich
in Dora und seinen Außenkommandos 4000 bis 5000 Zigeuner be-
funden haben.« *(Pachaly/Pelny, S. 111)*

31 Das zu Dora-Mittelbau gehörende Außenkommando Ellrich bei
Nordhausen, »Mittelbau II« mit dem Decknamen »Erich«, war am
2.5.1944 eingerichtet worden. Es hatte eine Durchschnittsstärke
von 8000 Gefangenen. *(A.a.O., S. 569)*

32 Das Bauvorhaben in Woffleben wurde 1944/45 als Projekt BIII
unter dem Himmelsberg angelegt *(A.a.O., S. 169)*. Ziel war u.a. die
Herstellung der Geheimwaffen »Taifun«, »Schmetterling« und
»Eidechse«. Ende September 1944 arbeiteten dort 2660 Häftlinge.
»Ziel war es, die Zahl der Häftlinge für die beabsichtigten Sonder-
maßnahmen und die Sonderproduktion auf etwa 5320 zu erhöhen,

wobei nur ein Teil dieser Häftlinge im Häftlingsbarackenkomplex Woffleben untergebracht werden konnte. So wurde der größte Teil dieses Häftlingseinsatzes durch den Häftlingslagerkomplex Ellrich gesichert.« *(A.a.O., S. 173f)*

33 »Die Juden wurden für die schwersten Arbeiten eingeteilt ... Mit Vorliebe kommandierte die SS Juden auf die ›Terrasse‹, das heißt zur Arbeit über Tage. Sie hoben Gräben aus für die Wasserzufuhr oder für die Installation von Abwasserkanälen. Auch wurden sie für die Nivellierung des Geländes oder Arbeiten gleicher Art verwendet.« *(A.a.O., S. 110)*

34 »Monatsbericht des Häftlingskrankenbaues des Arbeitslagers Erich vom 21.12.1944 bis 20.1.1945«: »Durch die schlechte Versorgung mit Schuhwerk machen sich häufig Erfrierungen in den unteren Gliedmaßen bemerkbar, die wegen ausgesprochenem Mangel an Verbandsmaterial nur schwierig zu behandeln sind.« Von 6975 Häftlingen starben in diesem Zeitraum 513. *(In: Pachaly/Pelny, S. 252f)*

35 An gleicher Stelle: »Lager Erich ist total verlaust. Die Entlausung ist z. Zt. im Gange ... Ein voller Erfolg ist leider nicht zu erwarten, da nur 200 Ballen Holzwolle zur Verfügung gestellt werden konnten und zum Ersetzen der Strohsäcke neue gar nicht geliefert werden konnten.«

36 Der Zeuge einer Hinrichtung in Dora-Mittelbau berichtet: »Den sieben Häftlingen wurde ein Holzknebel in den Mund gesteckt, der hinten mit einem Draht befestigt war, so daß sie nicht rufen oder sprechen konnten.« *(A.a.O., S. 99)*

37 Der SS-Obersturmführer Oskar Dirlewanger war Kommandeur einer aus »freiwilligen«, vorzugsweise reichsdeutschen KZ-Häftlingen aufgestellten SS-Bewährungs-Brigade.

38 Am 1. Januar 1945 waren 18465 Menschen in Bergen-Belsen inhaftiert, am 1. März waren es durch die Evakuierung frontnaher Konzentrationslager bereits 41520. »Im Monat März war die Sterblichkeit im Lager so unvorstellbar hoch (wie bereits hervorgehoben wurde, starben allein in diesem Monat 18168 Menschen), daß die Lagerstärke trotz fortgesetzt einströmender Transporte nicht mehr wesentlich stieg.« *(Kolb, Eberhard: Bergen-Belsen. Vom »Aufenthaltslager« zum Konzentrationslager 1943–1945. Göttingen, 1985, S. 40)*

Um die zweite Aprilwoche trafen die Transporte aus dem KZ Dora-Mittelbau ein. »Dieses Lager mit seinen zahlreichen Außenkommandos wurde seit dem 4. April vor den anrückenden amerikanischen Truppen geräumt; schätzungsweise 25 000–30 000 Dora-Häftlinge erreichten in etwa zehn Güterzügen nach mehrtägiger, vielfach durch Bombenangriffe, Umleitungen und Verkehrstockungen unterbrochener Fahrt Bergen-Belsen. Diese Transporte wurden allerdings nicht mehr im Lager selbst untergebracht, sondern in den Kasernen des nahegelegenen Truppenübungsplatzes.« (A.a.O., S. 41). Der letzte Satz erklärt, warum Otto R. sich an große Steinhäuser erinnert, die es im Gefangenenbereich des eigentlichen Lagers nicht gab.

39 Himmler hatte bewegt werden können, das Lager nicht wie bisher die anderen frontnahen KZs evakuieren zu lassen, sondern es den Engländern zu übergeben.

»Die in der Nacht vom 12./13. April unterzeichnete Waffenstillstandsvereinbarung sah die Neutralisierung eines rechteckigen Geländekomplexes von 8 km Länge und 6 km Breite um das Lager Bergen-Belsen vor; sie sah ferner vor, daß bis zur Übernahme des Lagers durch britische Truppen die Bewachung anstelle der SS-Leute durch Angehörige der deutschen Wehrmacht (und eine Einheit ungarischer Soldaten) übernommen wurde, denen freier Abzug zu den deutschen Linien mit Waffen, Gerät und Fahrzeugen innerhalb von sechs Tagen zugesichert wurde. Hinsichtlich des SS-Kommandanturpersonals waren die Formulierungen der Waffenstillstandsvereinbarung ziemlich vage ... Tatsächlich rückte der größte Teil der SS-Leute am 13. April ab, Kramer blieb mit rd. 50 SS-Männern und 30 SS-Aufseherinnen in Bergen-Belsen zurück.« (A.a.O., S.48f)

»Am Befreiungstag und in der folgenden Nacht spielten sich ... wilde Szenen ab ... SS- und Wehrmachtsposten schossen in die Menge und töteten zahlreiche Menschen; eine Reihe verhaßter Kapos wurde gelyncht ... Die erste größere britische Sanitätseinheit traf am 17. April in Bergen-Belsen ein ... Am 24. April wurde mit der Räumung des Lagers begonnen. Nicht nur die Kranken, sondern auch die noch einigermaßen Gesunden wurden nunmehr in die Kasernen des Truppenübungsplatzes verlegt ...« (A.a.O., S.50f)

Trotz größter Anstrengungen zur Rettung der Überlebenden starben nach der Befreiung noch etwa 13 000 Menschen. (*Bergen-Belsen. Texte und Bilder der Ausstellung in der zentralen Gedenkstätte des Landes Niedersachsen auf dem Gelände des ehemaligen Konzentrations- und Kriegsgefangenenlagers Bergen-Belsen. Hg. von der Landeszentrale für pol. Bildung, Hannover. Hameln 1990, S.IV/1*)

40 Die »Frontkämpfersiedlung ›Schlageter‹« war am 1.8.1934 eingeweiht worden. *(Neuköllner Kulturverein e.V.: Vom Ilsenhof zum Highdeck. Modelle sozialen Wohnens in Neukölln. Hg. von Brigitte Jacob und Harald Ramm, Berlin 1987, S. 101)*

41 Ritter, der 1944 noch Leiter des Reichsgesundheitsamtes geworden war, wurde 1947 zum Leiter der Fürsorgestelle für Gemüts- und Nervenkranke und der Jugendpsychiatrie in Frankfurt/Main berufen. Justin, die die Entnazifizierung als »nicht betroffen« überstanden hatte, wurde von ihm 1948 als »Kriminalpsychologin« nachgeholt. Alle später gegen die beiden angestrengten Verfahren wurden eingestellt *(Reemtsma, S. 130f)*. Leo Karsten blieb bei der Kripo und ging nach Karlsruhe *(A.a.O., S. 126)*.

42 Otto Rosenberg wußte von seinen Schwestern aus der zweiten Ehe seiner Mutter nur die Sinti-Namen Traubela, Buchela und Reibkuchen. Ihm war Ritters »Genealogie«, in der diese Namen mit Bleistift nachgetragen stehen und wo mit dem Stiefbruder Paul auch die bürgerlichen Namen Veronika, geb. 29.10.34, und Rosa, geb. 26.2.36, verzeichnet sind, nicht zugänglich. Ritter übergab sie mit allen anderen »Genealogien« Eva Justin, die sie 1949 dem Mitarbeiter der »Landfahrerzentrale« im Bayerischen Landeskriminalamt aushändigte. Nach Jahren der Benutzung gingen die Genealogien an Prof. Hermann Arnold, dann an das Anthropologische Institut der Universität Mainz. Nach Protesten der »Gesellschaft für bedrohte Völker« wurden sie schließlich 1981 vom Bundesarchiv eingezogen. *(Schreiben der Rechtsanwälte Hartmut Wächtler u.a. an das Landgericht München I vom 13.3.1984)*
»Bei Entscheidungen über die Anträge der Verfolgten auf Entschädigung zogen die Gerichte ehemalige Mitarbeiter der ›Zigeunerleitstelle‹ beim Reichssicherheitshauptamt und der ›Rassenhygienischen Forschungsstelle‹ beim Reichsgesundheitsministerium zu Rate.«
(Reemtsma, S. 133)
Einem Urteil des Bundesgerichtshofes zufolge waren »Zigeuner« erst ab dem Jahre 1943 Verfolgte aus rassischen Gründen. Die Entscheidung wurde 1963 revidiert. Am 31.12.1969 lief die Antragsfrist für die Verfolgten ab. 1981 erließ die Bundesregierung neue Richtlinien zur »Abgeltung von Härten in Einzelfällen für Verfolgte nichtjüdischer Herkunft«. »Antragsberechtigt waren aber nur diejenigen, die noch nie einen Wiedergutmachungsantrag gestellt hatten. Solche Sinti und Roma, deren Anträge unter der alten Rechtsprechung abgelehnt worden waren, hatten keinen Anspruch auf die ohnehin geringe Höchstsumme von DM 5000 oder auf eine niedrige Rente.«
(A.a.O., S. 134)

43 KZ-Ärzte wie der Gynäkologe Professor Dr. Clauberg arbeiteten Röntgen- und andere Verfahren aus, um täglich 1000 Sterilisierungen vornehmen zu können. »Ihre Experimente führten sie vor allem an ›Zigeunerinnen‹ aus, die im KZ Auschwitz-Birkenau inhaftiert waren. Noch im März 1945, wenige Wochen vor Kriegsende, sterilisierte Clauberg im KZ Ravensbrück zwanzig Sinti-Mädchen.« *(Gilsenbach, 1993, S. 82 f)*

(Ulrich Enzensberger)

Bildnachweis

S. III
Oskar und Bodo R.
Aus: Zigeuner – Und was wir mit ihnen in Berlin erlebten. Im Auftrag der Berliner Stadtmission. Von Maria Michalsky-Knak u.d. Mitarbeit v. K. Süßkind. Berlin o.J., S. 26

S. IV–V
Berlin Marzahn, 1936
Landesarchiv Berlin. Außenstelle. Breite Straße 30/31, 10178 Berlin, (65/3584, 65/3583, 65/3587)

S. XII
Plan des Konzentrationslagers Auschwitz-Birkenau
Aus: Memorial Book. The Gypsies at Auschwitz-Birkenau. Band 2, S. 1561. München, 1993
Mit freundlicher Genehmigung des KG Saur Verlags, München.

S. XIII
Luftaufnahme der US-Air-Force
National Archives, 373, courtesy of ASHMM Archives
Holocaust Memorial Museum Washington

Für die Abdruckerlaubnis der Fotos danken wir den Archiven und Verlagen.